近思録

卷　贰（共贰卷）

【原文】

濂溪先生曰：君子乾乾不息於誠，然必懲忿窒欲，遷善改過而後至。《乾》之用其善是，《損》、《益》之大莫是過，聖人之旨深哉！吉凶悔吝生乎動，噫，吉一而已，動可不慎乎！

——周敦頤《通書·乾損益動》

【译文】

周敦颐说：君子勤勉不息地要达到诚，然而一定要戒除了愤怒，堵塞了欲念，迁善改过，而后才能达到诚的境界。乾道的功用善处在此，《损》卦《益》卦的大道理也无过于此，圣人的思想深刻呀！《周易·系辞》说吉凶悔吝生乎动，啊，吉凶悔吝这四种结果中，有利的只有一个吉字而已，可以不慎重地对待动吗！

【原文】

濂溪先生曰：孟子曰：「養心莫善於寡欲。」予謂養心不止於寡而存耳。蓋寡焉以至於無，無則誠立明通。誠立，賢也；明通，聖也。

——周敦頤《濂溪集》第九《養心亭説》

【译文】

周敦颐说：孟子说：「修养心性没有比寡欲更好的了。」我则认为修养心性不能停留在寡欲而存守善性的地步。减少欲望以至于没有私欲，到了没有私欲的地步，诚实无欺、真实无妄这些圣贤的品质就能确立，圣智之光明就能通达天下事理。诚立是贤，明通是圣。

【原文】

伊川先生曰：顔淵問克己復禮之目，夫子曰：「非禮勿視，非禮勿聽，非禮勿言，非禮勿動。」四者身之用也，由乎中而應乎外，制於外所以養其中也。顔淵請事斯語，所以進於聖人。後之學聖人者，宜服膺而勿失也。因箴以自警。

《視箴》曰：「心兮本虚，應物無跡。操之有要，視爲之則。蔽交於前，其中則遷。制之於外，以安其内。克己復禮，久而誠矣。」

《聽箴》曰：「人有秉彝，本乎天性。知誘物化，遂亡其正。卓彼先覺，知止有定。閑邪存誠，非禮勿聽。」

《言箴》曰：「人心之動，因言以宣。發禁躁妄，内斯靜專。矧是樞機，興戎出好。吉凶榮辱，惟其所召。傷易則誕，傷煩則支。己肆物忤，出悖來違。非法不道，欽哉訓辭！」

《動箴》曰：「哲人知幾，誠之於思。志士厲行，守之於爲。順理則裕，從欲惟危。造次克念，戰兢自持。習與性成，聖賢同歸。」

——《二程文集》卷八《四箴》

【译文】

程颐说：颜渊问克己复礼的具体内容，孔子说：「非礼勿视，非礼勿听，非礼勿言，非礼勿动。」视、听、言、动这四个方面，是人体的功用，都受着人内心的支配而与外在事物相感相应，而约束视、听、言、动这些外在行为又是存养心性的方法。颜渊请求践行孔子这些话，所以他进道几乎成为圣人。后代学圣人的人，也应该牢记而不忘。所以我作了《四箴》来自我提醒。

《视箴》说：「心本是虚灵的，随外物之感而应而无形迹可寻。操持心的关键，在于给视立个准则。物欲交相蔽塞于眼前，人心就会随物迁移而失其本。制约了外在的目视，做到非礼不视，这样来安定内心。做到克己复礼，久之就能使得心诚。」

《听箴》说：「人生秉持着天道之常，这来源于人的天性。如果在物欲的引诱下心智随物迁化，就会丧失先天秉彝之正。那些卓然的先知先觉的圣人呀，心有主宰有所定止不为物欲引诱而动。我们要防范邪念以存守内心之诚，就该做到不合礼法的话不去听。」

《言箴》说：「人心中思虑之动，借着言语来表达；语言出口要禁绝轻狂与虚谬的话，内心才能静定而专一。何况言语乃是做人的关键，它能使人和好也能挑动战争。自身的吉凶荣辱，也都由语言招致。轻易出口的话人们难以相信，啰啰嗦嗦的话让人感到不实。自己说话放肆了就会冲撞别人，自己说了背理的话就会有人来跟你过不去。不合礼法的话不要说，真可敬佩呀这先哲垂训！」

《动箴》说：「明哲的人能洞见事物之苗头朕兆，在内心思虑刚动时就能存诚。有志之士勉力行事，在做事的时候能守之以正。顺理做事就能安定从容，任从自己的私欲去做就会危险。仓促匆忙中能够念善，战战兢兢地守持着善行。习惯于善而养成了善的本性，修养成德也就同圣贤一样。」

【原文】

《復》之初九曰：「不遠復，無祗悔，元吉。」《傳》曰：陽，君子之道，故《復》爲反善之義。初，《復》之最先者也，是不遠而復也。失而後有復，不失則何復之有？惟失之不遠而復，則不至於悔，大善而吉也。顏子無形顯之過，夫子謂其庶幾，乃無祗悔也。過既未形而改，何悔之有？既未能不勉而中，所欲不踰矩，是有過也。然其明而剛，故一有不善，未嘗不知；既知，未嘗不遽改，故不至於悔，乃不遠復也。學問之道無他也，惟其知不善，則速改以從善而已。

——《程氏易傳·復傳》

【译文】

《周易·复卦》的初九爻辞说：「走得不远就回来，没有大的悔恨，大吉。」程颐解释说：《复卦》初九这一阳爻，阳是代表君子之道，所以这《复》就是返回善道的意思。它是初爻，是阳之复生在最前的，是走得不远就回来了。世上的事必先有失然后有复，不失去哪里有复？只因为失去得不远就回来了，就不至于有悔恨，所以大善而吉也。颜回没有过形成实际行为的过失，孔子说他品德修养已经差不多了，就是没有大的悔恨。过错既然还没有形成就改了，会有什么悔恨呢？但既然还未能做到不用努力就从容中道，还未能像孔子说的从心所欲而不超越规矩，那他还是有过错。但他智明而行刚，所以一有不善，没有不发现的；一经发现，没有不立即改正的，所以不至于有悔恨，也就是走得不远就回来啊。学问之道没有别的，只不过是知道自己有不善就迅速改正以回到善上来而已。

【原文】

《晉》之上九：「晉其角，維用伐邑。厲吉，無咎，貞吝。」《傳》曰：人之自治，剛極則守道愈固，進極則遷善愈速。如上九者，以之自治，則雖傷於厲，而吉且無咎也。嚴厲非安和之道，而於自治則有功也。雖自治有功，然非中和之德，故於貞正之道爲可吝也。

——《程氏易傳·晉傳》

【译文】

《周易·晋卦》上九爻辞说：「这一爻处《晋卦》的极点而为刚，象卦的角，只有用来讨伐不服的城邑，这是先危厉而后吉的无咎。但就正道说，仍属于羞吝。」程颐解释说：人的自我修治，刚到极点则守道就更加坚固，进到极点向善就更为迅速。像上九这一爻，用这种精神自我修治，虽然伤于过分严厉，但还是无害的。严厉不符安定中和之道，但用于自修则有功效。尽管自修有效，但不是中和之道，所以就正道上说仍是可羞吝的。

【原文】

《損》者，損過而就中，損浮末而就本實也。天下之害，無不由末之勝也。峻宇雕牆，本於宫室。酒池肉林，本於飲食。淫酷殘忍，本於刑罰。窮兵黷武，本於征討。凡人欲之過者，皆本於奉養。其流之遠，則爲害矣。先王制其本者，天理也。後人流於末者，人欲也。《損》之義，損人欲以復天理而已。

——《程氏易傳·損傳》

【译文】

《损卦》的意思，是减损过分而趋向中正，减损虚浮的末流而接近本原的实在。天下为害的事，无一不是由于末流的过分。高峻的宫宇，雕饰其墙，居室之奢，本于遮蔽风雨的房屋。酒池肉林的奢费，本于免人饥渴的饮食。淫刑酷虐的残民之政，本于为收其威的刑罚。穷兵黩

武，本于征讨。大凡人的物质欲望过分者，都本于正常的奉养。其流变离根本远了，就成为毒害。先王制定其根本之制时，本于天理。后人流于虚浮时，就是徇人欲了。《损卦》的意思，就是减损人欲以恢复天理。

【原文】

《夬》九五曰：「莧陸，夬夬，中行無咎。」《象》曰：「中行無咎，中未光也。」《傳》曰：夫人心正意誠，乃能極中正之道，而充實光輝。若心有所比，以義之不可而決之，雖行於外不失其中正之義，可以無咎，然於中道未得爲光大也。蓋人心一有所欲，則離道矣。夫子於此，示人之意深矣。——《程氏易傳·夬傳》

【译文】

《夬卦》的九五爻辞说：「马齿苋决而又决，中道而行无害。」而象传却说：「虽然中道而行无害，但内心不算光明。」孔老夫子在这里要告诉人的道理深刻呀。人做到了心正意诚，才能行于至中至正之道，内心德行充实而光辉显扬于外。如果心中与不善者有私比，只是由于大义不允许而与之决断，那么尽管外在行为不失其中正之义，可以没有妨害，但就其中道说不能算是诚而有光辉的。因为人心一有所欲，就偏离大道了。

【原文】

方説而止，《節》之義也。——《程氏易傳·節傳》

【译文】

正当喜悦的时候而能节制，这是《节卦》的意义呀。

【原文】

《節》之九二，不正之節也。以剛中正爲節，如懲忿窒欲，損過抑有餘是也。不正之節，如嗇節於用，懦節於行是也。——《程氏易傳·節傳》

【译文】

《节卦》的九二爻，是不正之节，不当节制而节制。以刚中正为节，即应当节制而节制，如制止忿怒，堵塞贪欲，损省过分的，抑制盈余的便是。不正之节，如吝啬的节省用度，懦弱的节制行为便是。

【原文】

人而無克、伐、怨、欲，惟仁者能之。有之而能制其情不行焉，斯亦難能也，謂之仁則未可也。此原憲之問，夫子答以知其爲難，而不知其爲仁。此聖人開示之深也。——《程氏經説·論語解》

【译文】

人能没有好胜、自夸、怨恨、贪心这些毛病，只有仁德的人能做到。有这些毛病而能制约着

自己不去这么做，也算是难能可贵的了，但说这就是仁人则不可。这是原宪的提问，孔子回答他说：可以说是难能可贵的了，若说是仁人，我不能同意。这可见圣人开悟启示后学的深刻呀。

【原文】

明道先生曰：義理與客氣常相勝，只看消長分數多少，爲君子小人之别。義理所得漸多，則自然知得，客氣消散得漸少，消盡者是大賢。

——《二程遺書》卷一

【译文】

程颢说：人身上义理与客气互相争斗常互有胜负，只看双方消长分数的多少，来区分君子和小人。义理所得渐多，则自然能清楚自己身上的客气而加以控制，客气消散渐渐地少，消尽客气的人就成为大贤。

【原文】

或謂：「人莫不知和柔寬緩，然臨事則反至於暴厲。」曰：「只是志不勝氣，氣反動其心也。」

——《二程遺書》卷十七

【译文】

有人说：「人没有谁不明白应该和柔宽缓，但到临事时反不由自主地表现得暴躁粗厉。」程颐说：「这只是心志不能战胜形气，反而被气动摇了心志啊。」

【原文】

人不能祛思慮，只是吝。吝故無浩然之氣。

——《二程遺書》卷十五

【译文】

程颢说：人不能排除闲思杂虑，只是因为有私意小智，有私意小智就没有浩然刚大之气。

【原文】

治怒爲難，治懼亦難。克己可以治怒，明理可以治懼。

——《二程遺書》卷一

【译文】

改变易怒的毛病难，改变易惧的毛病也难。克去私念可以治怒，明白物理可以治惧。

【原文】

堯夫解「他山之石，可以攻玉」：玉者温潤之物，若將兩塊玉來相磨，必磨不成，須是得他個麤礪底物，方磨得出。譬如君子與小人處，爲小人侵陵，則修省畏避，動心忍性，增益豫防，如此便道理出來。

——《二程遺書》卷二上

【译文】

邵雍解释「他山之石，可以攻玉」这句话说：玉是温和细润的东西，如果拿两块玉相磨，必然磨不成，需要有一个粗砺的东西，才能磨出玉来。这就好比君子与小人相处，被小人欺凌，就能修治反省自身回避小人，可以震动他的心意，坚韧他的性情，增加他的能力，预防发生祸患。这样一来，道理也就在君子身上体现出来了。

【原文】

目畏尖物，此事不得放過，便與克下。室中率置尖物，須以理勝他。尖必不刺人也，何畏之有？

——《二程遺書》卷二下

【译文】

眼睛看到尖锐的东西就怕，这事不能放过，即应克服掉这种毛病。房间里全放些尖锐的东西，让理念战胜虚妄的畏惧心理。要明白尖的东西一定不来刺人，有什么可害怕的？

【原文】

明道先生曰：責上責下，而中自恕己，豈可任職分？

——《二程遺書》卷五

【译文】

程颢说：责备上边的人，责备下边的人，中间却自我宽恕，这样的人怎能胜任职责任务呢？

【原文】

「舍己從人」，最爲難事。己者我之所有，雖痛舍之，猶懼守己者固，而從人者輕也。

——《二程遺書》卷九

【译文】

「抛弃自己不正确的东西吸收别人正确的意见」，最是难做的事。己是我所持有的看法，即使是痛加割舍，仍担心坚守自己的看法太牢固，而听从他人的太轻微。

【原文】

九德最好。

——《二程遺書》卷七

【译文】

《尚书·皋陶谟》所说的九种品德最好。

【原文】

「飢食渴飲，冬裘夏葛。」若致些私吝心在，便是廢天職。

——《二程遺書》卷六

【译文】

「饥了就食渴了就饮，冬天穿裘夏天穿葛」。这是顺应天之自然，所以称作天职。如果夹杂

进一点点私吝贪欲之心，去追求口腹体肤之享受，那就是废弃天职。

【原文】

獵，自謂今無此好。周茂叔曰：「何言之易也？但此心潛隱未發，一日萌動，復如前矣。」後十二年，因見，果知未也。——《二程遺書》卷七

【译文】

程颢曾说：我年轻时爱打猎，后来我自认为已经没有这个嗜好了。周敦颐听了说：「你说得多么轻而易举呀！你只是这种意念潜隐着没有暴露出来，有朝一日萌动了，就又和以前一样嗜好了。」此后十二年，由于见到打猎的，不觉有喜好之心，果然明白未能断除这种嗜好。

【原文】

伊川先生曰：大抵人有身，便有自私之理，宜其與道難一。——《二程遺書》卷三

【译文】

程颐说：大抵人刚一有了形体，就有了自私之理，难怪人心难以与道相合了。

【原文】

罪己責躬不可無，然亦不當長留在心胸爲悔。——《二程遺書》卷三

【译文】

人有过失引咎自责、反躬自省不可缺少，但也不应永记在心里成为悔恨。

【原文】

所欲不必沈溺，只有所向便是欲。——《二程遺書》卷十五

【译文】

喜欢了什么不一定到了沉迷的地步才叫嗜欲，只要心中有了这种趋向就是欲了。

【原文】

明道先生曰：子路亦百世之師。——《二程遺書》卷三

【译文】

程颢说：子路也是百世之师。

【原文】

「人語言緊急，莫是氣不定否？」曰：「此亦當習，習到言語自然緩時，便是氣質變也。學至氣質變，方是有功。」——《二程遺書》卷十八

【译文】

有人问：「人的语言紧急，莫非是气性不定吗？」程颐回答说：「这也应该渐成习惯，一

直到自然舒缓时，就是气质变化了，这才见功效。」

【原文】

問：「『不遷怒，不貳過。』何也？《語録》有怒甲不遷乙之説，是否？」伊川先生曰：「是。」曰：「若此則甚易，何待顔子而後能？」曰：「只被説得粗了，諸君便道易，此莫是最難，須是理會得因何不遷怒。如舜之誅四凶，怒在四凶，舜何與焉？蓋因是人有可怒之事而怒之，聖人之心本無怒也。譬如明鏡，好物來時便見是好，惡物來時便見是惡，鏡何嘗有好惡也？世之人固有怒於室而色於市。且如怒一人，對那人説話，能無怒色否？有能怒一人而不怒別人者，能忍得如此，已是煞知義理。若聖人因物而未嘗有怒，此莫是甚難。君子役物，小人役於物。今見可喜可怒之事，自家著一分陪奉他，此亦勞矣。聖人之心如止水。」

——《二程遺書》卷十八

【译文】

有人问：「『不迁怒，不贰过。』是什么意思呢？先生您的《语录》上有对甲怒不移到乙身上的说法，对吗？」程颐说：「对的。」问者说：「如果这样的话不迁怒非常容易，哪里非要颜回这样的大贤才能做到呢？」程颐说：「只是说得粗浅了，诸位便认为容易，这恐怕是最难的，

应该领会颜回因为什么不迁怒。比如舜诛四凶吧，怒的根源在四凶，和舜有什么关系？由于这人有可怒的事才对他发怒，圣人心中原本是没有怒的。圣人之心就好比一面明镜，好的事物来了就照见好，恶的东西来了就照见恶，镜子本身哪曾有好和恶呢？世俗的人固然有在家里生了气却到闹市上给人脸色看的。比如因一个人发怒，对那人说话，能没有怒色吗？有能对这一个人发怒而不对别人发怒的人，能够忍到这地步，已经是很懂得义理了。至于说圣人因物之可怒而怒而自心未尝有怒，这恐怕是很难很难的。君子役使外物，以外物之可喜可怒而应之以喜怒，小人被外物役使，其心随外物的感染而喜怒。看到有可喜可怒的事，自己也用一分喜怒去奉陪，这也太劳累了。圣人之心就像静止的水，万物毕照而自身凝然不动。」

【原文】

人之視最先，非禮而視，則所謂開目便錯了。次聽、次言、次動，有先後之序。人能克己，則心廣體胖，仰不愧，俯不怍，其樂可知。有息則餒矣。

——《二程外書》卷三

【译文】

（程颢说：）人的视、听、言、动，视在最先。如果非礼而视，那就是所谓的一睁眼就错了。其次是听，其次是言，其次是动，有个先后的顺序。人能除去自己的私欲，就心宽体胖，对上不愧于天，对下不愧于人，其中之乐可想而知。这种乐一间断，人就中气不足了。

【原文】

聖人責己感也處多，責人應也處少。

——《二程外書》卷七

【译文】

圣人要求自己感发别人之处多，要求他人应己之处少。

【原文】

謝子與伊川别一年，往見之。伊川曰：「相别一年，做得甚工夫？」謝曰：「也只去個『矜』字。」曰：「何故？」曰：「仔細檢點得來，病痛盡在這裏。若按伏得這個罪過，方有向進處。」伊川點頭，因語在坐同志曰：「此人爲學，『切問近思』者也。」

——《二程外書》卷十二

【译文】

谢良佐与程颐分别一年，去见程颐。程颐问：「相别一年，学问上下的是什么工夫？」谢良佐说：「也只是去掉一个『矜』字。」程颐问：「为什么如此？」回答说：「仔细检查起来，一切病根，都在这矜字里。如果能按得住伏得下这矜字，避免了骄矜带来的罪过，而后学问才有进处。」程颐点头，顺势告诉在座一同学习的人说：「这人为学，『能恳切地发问并多就眼前的问题思考』呀。」

【原文】

思叔詬詈僕夫，伊川曰：「何不『動心忍性』？」思叔慚謝。

——《二程外書》卷十二

【译文】

张绎怒骂仆夫，程颐说：「你何不就仆夫之失造成的不便来『震动自己的心志，坚韧自己的性情』？」张绎听了，感到惭愧并立即认错。

【原文】

見賢便思齊，有爲者亦若是；「見不賢而内自省」，蓋莫不在己。

——《二程外書》卷二

【译文】

看见贤人，便想要赶上他，有作为的人也是这样；「看见不好的人，就反省自身」，因为这些毛病自己身上都有。

【原文】

横渠先生曰：湛一，氣之本；攻取，氣之欲。口腹於飲食，鼻舌於臭味，皆攻取之性也。知德者屬厭而已，不以嗜欲累其心，不以小害大、末喪本焉爾。

——張載《正蒙·誠明》

【译文】

张载说：清净纯一是气的本体，取得外物是气的欲望，口腹对于饮食，鼻舌对于气味和滋味，都是获取外物之性的表现。那些明白大德的人对于外物，不过适足而已，不让过分的嗜欲连累其本善之心。本心是根本，是大端，嗜欲是末端，是细节，他们不会因小害大，不会因末节丧失根本。

【原文】

纖惡必除，善斯成性矣；察惡未盡，雖善必粗矣。

——張載《正蒙·誠明》

【译文】

一纤一毫的恶也务必除尽，善性才能养成；未能尽察自身之恶，即使为善，也是粗而不纯的。

【原文】

惡不仁，故不善未嘗不知。徒好仁而不惡不仁，則習不察，行不著，是故徒善未必盡義，徒是未必盡仁。好仁而惡不仁，然後盡仁義之道。

——張載《正蒙·中正》

【译文】

厌恶不仁的东西，因此能做到有不善没有不察觉的。仅仅是爱好仁德而不厌恶不仁，那就不能明察所习之理的正确与谬误，不能明白所行之事当与不当，所以仅仅是善，未尽能完全符合义，仅仅是做正确的事，未必就是完全的仁。爱好仁德而又厌恶不仁，然后才能穷尽仁义之道。

【原文】

責己者，當知無天下國家皆非之理。故學至於「不尤人」，學之至也。

——張載《正蒙·中正》

【译文】

人要之所以应该督责自身，是应该明白，没有天下、国家所有别人都不对的道理。所以学道达到了「不怪罪别人」的境地，就达到了学道的极致了。

【原文】

有潛心於道，忽忽爲他慮引去者，此氣也。舊習纏繞，未能脱灑，畢竟無益，但樂於舊習耳。古人欲得朋友，與琴瑟簡編，常使心在於此。惟聖人知朋友之取益爲多，故樂得朋友之來。

——張載《論語説》

【译文】

有的人要潜心学道，但心却忽忽悠悠地被闲思杂虑引去了，其原因是本心被客气牵动了。

旧的不良习俗缠绕着你的心，不能够摆脱出来，毕竟是无益的，其原因只是乐于旧习罢了。古人想要得到朋友，以及琴瑟、书册，常常使自己的心放在这上边。因为圣人知道从朋友那里得益的多，所以乐于有朋友来。

【原文】

矯輕警惰。

——張載《横渠語録》

【译文】

矫正轻浮的毛病，警戒自己的怠惰。

【原文】

「仁之難成久矣！人人失其所好。」蓋人人有利欲之心，與學正相背馳。故學者要寡欲。

——張載《經學理窟·學大原上》

【译文】

「仁德难以成就是由来已久了！人人都失去了好仁的天性。」这是因为人人有利欲之心，而这正与学道相背驰。所以学道的人应该寡欲。

【原文】

君子不必避他人之言，以爲太柔太弱。至於瞻視亦有節，視有上下，視高則氣高，視下則心柔，故視國君者，不離紳帶之中。學者先須去其客氣。其爲人剛行，終不肯進。「堂堂乎張也，難與並爲仁矣。」蓋目者人之所常用，且心常託之，視之上下，且試之，己之敬傲，必見於視。所以欲下其視者，欲柔其心也。柔其心，則聽、言敬且信。

人之有朋友，不爲燕安，所以輔佐其仁。今之朋友，擇其善柔以相與，拍肩執袂以爲氣合，一言不合，怒氣相加。朋友之際，欲其相下不倦。故於朋友之間，主於敬者日相親與，得效最速。仲尼嘗曰：「吾見其居於位也，與先生並行也，非求益者，欲速成者。」則學者先須温柔，温柔則可以進學。《詩》曰：「温温恭人，維德之基。」蓋其所益之多。

——張載《經學理窟·氣質》

【译文】

君子持身不必畏避别人的议论，不因为别人认为你太柔太弱而改变自己的素行。君子的一瞻一视都有节制，视线有高有低，视线高就显得意气高，视线低就显得心柔和，所以礼的规定对面看国君时，视线不离开绅带这一中线。学者应先去掉形成私欲的客气。一个人为人刚强，他就到底也不肯折节进道。就像曾子说的「高大威严的子张，难以和他一起进于仁德」。眼睛是人所常用的，又寄托着人的心灵，视线的高低可以检验人的心，自己的谦敬和倨傲，一定会从眼的视线中表现出来。之所以想要你放低视线，是想让你的心平柔些，心气柔和了，那听别人说话

就恭敬，跟别人说话就诚实。人有朋友，其作用不是为了在一起舒适安乐，而是互相辅助仁德。今天的朋友，都选择那和善温柔的相交，拍着肩膀拉着袖子表示意气相合，一句话说不到一起，就以怒气相加。朋友之间，应该谦敬不倦。所以朋友之间主于敬的，就一天比一天亲密，以友辅德就见效快。孔子曾说阙党的童子：「我见他坐在不该坐的位置上，和长辈并肩行走，他不是求上进的人，是个急于求成的人。」那么学者应先温柔，温柔就可以增进学问。《诗经》上说：「温柔谨恭的人，这是仁德的根基。」因为温柔获益就多。

【原文】

世學不講，男女從幼便驕惰壞了，到長益凶狠。只爲未嘗爲弟子之事，則於其親已有物我，不肯屈下，病根常在。又隨所居而長，至死只依舊。爲子弟，則不能安灑掃應對；在朋友，則不能下朋友；有官長，則不能下官長；爲宰相，不能下天下之賢。甚則至於徇私意，義理都喪。也只爲病根不去，隨所居所接而長。人須一事事消了病，則義理常勝。

——張載《横渠語録》

【译文】

当今之世为学之道不讲究了，男女从小就骄惰坏了，到长大后就更为严重。只因为不曾做过洒扫、应对、进退这些弟子的训练，就是对他的父母也要分个你我，不肯屈身向下。从小养成的骄惰病根常在，又伴随着生活而发展，到死仍是病根依旧。作为弟子，则不能安于洒水扫地、应答回话之类的弟子职；在朋友间，不能尊敬朋友；有官长在上，也不肯礼敬长官；做了宰相，则不能礼遇天下贤士。严重的至于徇从自己的私意，义理全都丧尽。这也只是因为从小养成的病根不去，又随着他的居处和接交而发展。人应该一件事一件事地消除自己的旧病，那么义理就会常胜。

卷六　齊家之道

【原文】

伊川先生曰：弟子之職，力有餘則學之。不修其職而學，非爲己之學也。

——《程氏經説·論語解》

【译文】

程颐说：尽完了孝父母、敬兄长等这些弟子的职分，精力有余就去学习文献典籍。不修弟子之职而去学习文献，那不是圣人说的为己之学。

【原文】

孟子曰：「事親若曾子可也。」未嘗以曾子之孝爲有餘也。蓋子之身所能爲者，皆所當爲也。

——《程氏易傳·師傳》

【译文】

程颐引孟子的话说：「侍奉父母像曾子那样就可以了。」孟子没有认为曾子之孝有过分的。凡做儿子自身所能做得到的，都是应该为父母做的。

【原文】

「干母之蠱，不可貞。」子之於母，當以柔巽輔導之，使得於義。不順而致敗蠱，則子之罪也。從容將順，豈無道乎？若伸己剛陽之道，遽然矯拂，則傷恩，所害大矣，亦安能入乎？在乎屈己下意，巽順相承，使之身正事治而已。剛陽之臣事柔弱之君，義亦相近。

——《二程易傳·蠱傳》

【译文】

《周易·蛊卦》说：「干母之蛊，不可贞。」儿子对于母亲，应当以柔顺来辅助她，开导她，使她能够合于义理之当然。如果因为儿子不顺柔而致使事情败坏，那是做儿子的罪过。如果从容地顺承着做去，难道没有办法将母亲的事很好地做完吗？如果伸张自己阳刚之道，急切地去矫正母亲之行，忤逆母亲之意，就会伤害母子之恩，害处大了，又怎能让母亲听得进去呢？做儿子的应当做的，在于屈抑下来自己的心志，柔和温顺地承奉母亲，慢慢使她感悟，最终能够做到身处于正，事情也办好就是了。刚阳之臣侍奉柔弱之君，意思也与此相近。

【原文】

《蠱》之九三，以陽處剛而不中，剛之過也，故小有悔。然在《巽》體，不爲無順。順，事親之本也。又居得正，故無大咎，然有小悔。已非善事親也。

——《程氏易傳·蠱傳》

【译文】

《蛊卦》的九三爻，以阳爻处在刚位又不得中，过分地刚强了，所以有小病。但它在《巽卦》体上，不能算是没有柔顺之意。顺，是事亲的根本。它又居得正位，所以没有大害，但有小病。既然过分地刚，已经算不得善于事亲了。

【原文】

正倫理，篤恩義，《家人》之道也。

——《程氏易傳·家人傳》

【译文】

摆正伦常关系，笃实亲情恩义，是《家人卦》讲的道理。

【原文】

人之處家，在骨肉父子之間，大率以情勝禮，以恩奪義。惟剛立之人，則能不以私愛失其正理，故《家人卦》大要以剛爲善。

——《程氏易傳·家人傳》

【译文】

人们与家人相处，在骨肉父子之间，大多以亲情胜于礼法，因恩爱而放弃义理。只有刚方卓立之人，能够不因私爱而丢掉正理，所以《家人卦》大致以刚为善。

【原文】

《家人》上九爻辭，謂治家當有威嚴，而夫子又復戒云，當先嚴其身也。威嚴不先行於己，則人怨而不服。

——《程氏易傳·家人傳》

【译文】

《家人卦》上九爻辞，说的是治家应当有威严，而孔子又告诫说，应该首先严格要求自身。威严如果不从自己身上做起，那么别人就会怨恨而不服气。

【原文】

《歸妹》九二，守其幽貞，未失夫婦常正之道。世人以媟狎爲常，故以貞靜爲變常，不知乃常久之道也。

——《程氏易傳·歸妹傳》

【译文】

《归妹卦》的九二爻，守其幽静贞正之操，没有失去夫妇间正常之道。世人以媟亵狎昵为常，所以就把贞静看做是变常，不知贞静乃是维持夫妇长久之道。

【原文】

世人多慎於擇婿，而忽於擇婦。其實婿易見，婦難知，所繫甚重，豈可忽哉！

——《二程遺書》卷一

【译文】

世人多慎重地选择女婿，却忽视选择媳妇。其实女婿的言行易见，媳妇的德行难知，并且对家庭关系重大，怎么能忽视呢！

【原文】

人無父母，生日當倍悲痛，更安忍置酒張樂以爲樂？若具慶者可矣。

——《二程遺書》卷六

【译文】

人没有了父母，生日这一天应该更加悲痛，怎么还忍心摆酒设乐来取乐呢？如果父母都健在这样做是可以的。

【原文】

問：「《行狀》云：『盡性至命，必本於孝弟。』不識孝弟何以能盡性至命也？」曰：「後人便將性命别作一般事説了。性命、孝弟，只是一統底事，就孝弟中便可盡性至命。如灑掃應對與盡性至命，亦是一統

底事，無有本末，無有精粗，却被後來人言性命者别作一般高遠説。故舉孝弟，是於人切近者言之。然今時非無孝弟之人，而不能盡性至命者，由之而不知也。」——《二程遺書》卷十八

【译文】

有人问："您写的《明道先生行状》里说：'他尽性至命，必本于孝悌。'不知道孝悌怎么能尽性至命？"程颐回答说："后世的人就把性命当成另一回事说了。性命和孝悌，只是一体的事，就孝悌中就能够尽性至命。再进一步说，如弟子应尽的洒扫应对之职与尽性至命，也是一体的事，没有本末，不分精粗，却被后来谈论性命的人，把性命另外作为一种高超的理论去说了。所以程颢他举出了孝悌，这是就人的切近处来谈论性命。然而现在并非没有孝悌的人，但他们不能尽性至命的原因，是由于他们只是照着这个路子去做了，却不明白这个道理。"

【原文】

問："第五倫視其子之疾與視兄子之疾不同，自謂之私，如何？"曰："不待安寢與不安寢，只不起與十起，便是私也。父子之愛本是公，才着些心做，便是私也。"又問："視己子與兄子有間否？"曰："聖人立法曰：『兄弟之子猶子也。』是欲視之猶子也。"又問："天性自有輕重，疑若有間然。"曰："只爲今人以私心看了。孔子曰：『父子之道，天性也。』此只就孝上説，故言父子天性。若君臣、兄弟、賓主、朋友之類，亦豈不是天性？只爲今人小看，卻不推其本所由來，故爾。己之子與兄之子所爭幾何？是同出於父者也。只爲兄弟異形，故以兄弟爲手足。人多以異形故，親己之子異於兄弟之子，甚不是也。"又問："孔子以公冶長不及南容，故以兄之子妻南容，以己之子妻公冶長，何也？"曰："此亦以己之私心看聖人也。凡人避嫌者，皆内不足也。聖人自至公，何更避嫌？凡嫁女，各量其才而求配。或兄之子不甚美，必擇其相稱者爲之配；己之子美，必擇其才美者爲之配。豈更避嫌耶？若孔子事，或是年不相若，或時有先後，皆不可知。以孔子爲避嫌，則大不是。如避嫌事，賢者且不爲，況聖人乎？"——《二程遺書》卷十八

【译文】

有人问："第五伦对待儿子的病与对待其兄的儿子的病不一样，他自己说这是私心，该如何看待？"程颐说："用不着说他安寝与不能安寝的不同（兄子病，虽一夜十起，退而安寝；其子病，虽不起视，而竟夕不眠），只这一个不起和另一个起十次的不同，就已表现出私心。父子之爱本是公，刚刚有一点着意表现爱的意思，就是私了。"又问："人对待自己的孩

子和对待兄长的孩子有差别吗？」程颐说：「圣人立下的规则说：『兄弟之子就如自己的儿子。』是要让人把兄弟的孩子当自己的孩子看待。」又问：「从天性说自己的孩子与兄弟的孩子有轻重的不同，似乎应该有差别？」程颐说：「这只是因为今天的人用私心来看这天性了。孔子说：『父子之间的亲爱，是出于天性。』这只是就孝这一个方面说的，所以说父子之情属天性。至于君臣、兄弟、宾主、朋友之类，难道不也是天性吗？只因为今天的人用狭隘的眼光看，不推究其原本的由来才成这种看法呀。自己的孩子与自己胞兄的孩子，相差能有多少呢？他们都是你父亲的后代呀。只是因为兄弟属于不同的形体，所以称兄弟为手足。人多因为形体分开了，亲爱自己的孩子，不同于亲爱兄弟的孩子，这是非常错误的。」又问：「孔子认为公冶长不如南宫适，所以把兄长的女儿嫁给南宫适，把自己的女儿嫁给公冶长，他是为什么呢？」程颐说：「这也是人们拿自己的私心去看圣人了。凡是人要避嫌，都是由于心虚。圣人自是至公的，哪里还用避嫌？凡嫁女儿各按她的才貌而择配。或许兄长的女儿不太美，一定要选择那些相称的做她的配偶。自己的女儿美，一定选那些才能优秀的做她的配偶。难道还需要避嫌吗？至于说到孔子这件事，或许是年龄不相当，或者是时间有先后，都是说不清的。认为孔子是避厚己女薄兄女之嫌，那就大错了。像避嫌这样的事，贤者尚且不做，何况圣人呢？」

【原文】

問：「孀婦於理似不可取，如何？」伊川曰：「然。凡取，以配身也。若取失節者以配身，是己失節也。」又問：「或有孤孀貧窮無託者，可再嫁否？」曰：「只是後世怕寒餓死，故有是說。然餓死事極小，失節事極大。」

【译文】

有人问：「按道理说，孀居的人是不能娶的，是这样吗？」程颐说：「是这样的。那些娶孀居的人，都是想要有个伴。但是一旦娶了她，自己也失掉了名节。」又有人问：「有孀居贫困的人，能够再嫁吗？」程颐说：「这只是因为她们怕饿死，才会这样说。但是饿死这事情很小，失掉名节却是大事。」

【原文】

病臥於牀，委之庸醫，比之不慈不孝。事親者亦不可不知醫。

——《二程外書》卷十二

【译文】

程颢说：亲人病卧在床，却交给昏庸无能的医生，如果病的是孩子，你就等于不慈，如果病的是父母，你就等于不孝。所以奉养父母也不可不懂医理。

【原文】

程子葬父，使周恭叔主客。客欲酒，恭叔以告。先生曰：「勿陷人於惡。」

——《二程外書》卷七

【译文】

程颐葬父，使周行己主持接待宾客。有客人想喝酒，周行己去禀告。程颐不答应，说：「不要陷人于非情悖礼的罪恶之地。」

【原文】

買乳婢，多不得已。或不能自乳，必使人。然食己子而殺人之子，非道。必不得已，用二子乳食三子，足備他虞。或乳母病且死，則不爲害，又不爲己子殺人之子，但有所費。若不幸致誤其子，害孰大焉？

——《二程外書》卷十

【译文】

买乳婢，多是出于不得已。有时是生了孩子自己不能哺乳，一定得让别人代养。但是为了养自己的孩子而害了人家的孩子，不合道义。确实出于不得已，可以用两个乳母哺养三个孩子，这样又足以防备其他的意外。即或其中一个乳母病得要死，也没有妨害，又不至为了自己的孩子害了人家的孩子，只是花费多些。如果不幸而至于伤害了人家的孩子，这与花费多相比，哪种害处更大呢？

【原文】

先公太中諱珦，字伯温。前後五得任子，以均諸父子孫。嫁遣孤女，必盡其力。所得俸錢，分贍親戚之貧者。伯母劉氏寡居，公奉養甚至。其女之夫死，公迎從女兄以歸，教養其子，均於子姪。既而女兄之女又寡，公懼女兄之悲思，又取甥女以歸嫁之。時小官禄薄，克己爲義，人以爲難。公慈恕而剛斷，平居與幼賤處，惟恐有傷其意，至於犯義理，則不假也。左右使令之人，無日不察其飢飽寒燠。娶侯氏。侯夫人事舅姑以孝謹稱，與先公相待如賓客，先公賴其內助，禮敬尤至。而夫人謙順自牧，雖小事未嘗專，必稟而後行。仁恕寬厚，撫愛諸庶，不異己出。從叔幼孤，夫人存視，常均己子。治家有法，不嚴而整。不喜笞撲奴婢，視小臧獲如兒女，諸子或加呵責，必戒之曰：「貴賤雖殊，人則一也。汝如是大時，能爲此事否？」先公凡有所怒，必爲之寬解，唯諸兒有過，則不掩也，常曰：「子之所以不肖者，由母蔽其過而父不知也。」夫人男子六人，所存惟二，其愛慈可謂至矣，然於教之之道，不少假也。才數歲，行而或踣，家人走前扶抱，恐其驚啼，夫人未嘗不呵責曰：「汝若安徐，寧至

跲乎！」飲食常置之坐側。嘗食絮羹，皆叱止之，曰：「幼求稱欲，長當如何？」雖使令輩，不得以惡言罵之。故頤兄弟平生於飲食衣服無所擇，不能惡言罵人，非性然也，教之使然也。與人爭忿，雖直不右，曰：「患其不能屈，不患其不能伸。」及稍長，常使從善師友遊。雖居貧，或欲延客，則喜而爲之具。夫人七八歲時誦古詩曰：「女子不夜出，夜出秉明燭。」自是日暮則不復出房閤。既長，好文，而不爲辭章，見世之婦女以文章筆札傳於人者，則深以爲非。

——《二程文集》卷十二

【译文】

程颐说：我的先父太中大夫名叫程珦，字伯温。他前后五次得到朝廷给儿子官职的待遇，都均给了我伯父叔父们留下的子孙们了。出嫁我伯父叔父们留下的孤女，一定尽自己的力量置嫁妆。他拿到的俸钱，要分给亲戚中贫穷的。他的伯母刘氏寡居，他奉养她很周全。她女儿的丈夫死了，先父把这位堂姐接回家，教养堂姐的孩子，和自己子侄们一样。不久这位堂姐的女儿又守了寡，先父怕堂姐悲哀思念，又把这位外甥女接回来重又嫁了人。当时他官小禄薄，能够克己行义，人都认为难能可贵。先父不仅宽厚仁慈，并且也能刚决果断，平时与晚辈或贫贱者相处，生怕不慎伤害了他们的感情。至于谁做了有违义理的事，则不予宽容。身边使唤的人，每天都要关怀他们的饥饱寒温。娶侯氏。侯夫人侍奉公婆以谨孝著称，与先父相敬如宾，先父依靠她的内助，对她礼敬就更周备，但侯夫人她却能以谦顺要求自己，即使是小事也不曾自作主张，一定告诉先父后才做。她仁恕宽厚，抚爱庶子，和自己亲生的一样。我的堂叔和小姑姑们，夫人存养看顾，常与自己的孩子一样。她治家有法，不严厉而却整肃。不喜欢责打奴婢。对待小奴婢就像儿女一样，孩子们谁要呵斥小奴婢，她一定要告诫说：「人贵贱虽然不同，但同样都是人。你像这么大的时候，能做这样的事吗？」先父有什么事发怒，她一定要劝解，只是儿子们有了过错，则不自护，她常常说：「孩子之所以不成器，是由于做母亲的隐瞒他们的过错，使父亲不了解呀。」夫人有六个儿子，但存活的只有两人，她对仅存的儿子的爱可以说无以复加了，但她在教子方面，一点也不宽容。刚刚几岁，走路有时还会跌倒，下人前去抱扶，恐怕孩子受惊啼哭，夫人她总是呵责说：「你要是安安稳稳慢走，哪至于跌倒！」吃饭时常让孩子坐在自己身边。如果挑食或把汤味调浓，都会被斥责阻止，说：「小时候就追求满足口腹之欲，长大了该怎么样！」即使是对使唤的人，也不许以恶语辱骂。所以我们兄弟一生对于饮食衣服没有什么挑剔，不会恶语骂人，这并非出于天性，是母亲教育成的。孩子和人争气，即使孩子有理她也不替孩子说话，她说：「担心的是孩子长大不能屈己，不用担心他们不能伸张。」等到孩子稍大一点，常常让跟好的师友学习。即使在贫困中，有时孩子想请客，她就高高兴兴地替孩子准备。夫人七八岁时读古诗，有两句说：「女子不夜出，夜出秉明烛。」从此以后一到日暮就不再出闺房。长大以后喜爱文学，但不写

文章，看到社会上妇女以文章或书法传示于人的，就深不以为然。

【原文】

横渠先生嘗曰：「事親奉祭，豈可使人爲之？」

——《横渠文集》卷十五吕大臨《横渠先生行狀》

【译文】

张载曾说：「侍奉父母、祭奠父母，这事怎么能使人代替自己去做呢？」

【原文】

舜之事親有不悦者，爲父頑母嚚，不近人情。若中人之性，其愛惡略無害理，姑必順之。親之故舊，所喜者，當極力招致，以悦其親。凡於父母賓客之奉，必極力營辦，亦不計家之有無。然爲養又須使不知其勉強勞苦，苟使見其爲而不易，則亦不安矣。

——張載《禮記説》

【译文】

舜之侍奉父母备至而父母尚且有不悦的原因，是父亲冥顽母亲多恶，不近人情。如果你的父母是中等性情的人，他们的好恶只要大略不害义理，姑且去顺从他们。父母的老亲旧友中，他们相好的人应该尽力招徕，以愉悦父母之心。大凡对父母宾客的供奉，一定要极力营办，又不计较家中有无。但这种奉养又要使父母不知道你办得勉强和劳苦，如果让他们看到儿子操办得不容易，那么他们心中不安也就达不到愉悦其心的目的了。

【原文】

《斯干》詩言：「兄及弟矣，式相好矣，無相猶矣。」言兄弟宜相好，不要相學。猶，似也。人情大抵患在施之不見報則輟，故恩不能終。不要相學，己施之而已。

——張載《詩説》

【译文】

《斯干》诗说：「兄及弟矣，式相好矣，无相犹矣。」这说的是兄弟应该相好，不要效法对方不友好的行为。犹，似的意思。人情大抵怕的是我以好对他，他不以好报我，于是就断绝对他的友好，所以恩情不能保持始终。不要相学，自己只管付出自己的友爱就是了。

【原文】

「人不爲《周南》、《召南》，其猶正牆面而立。」嘗深思此言，誠是。不從此行，甚隔著事，向前推不去。蓋至親至近，莫甚於此，故須從此始。

——張載《詩説》

【译文】

孔子说：「人不研习《诗》中的《周南》、《召南》，那就会像正面对着墙站着吧。」我曾深思这话，说得确实对。不从这里做去，很感到许多事阻隔着，修身为学之事都向前推行不了。

因为对人至亲至近的，没有超过《周南》、《召南》中讲的修身治家了，所以应该从这里开始行去。

【原文】

婢僕始至者，本懷勉勉敬心。若到所提掇更謹則加謹，慢則棄其本心，便習以性成。故仕者入治朝則德日進，入亂朝則德日退，只觀在上者有可學無可學爾。

——張載《經學理窟・學大原上》

【译文】

婢仆初到主家，本怀勤勉谨敬之心。如果所到之家主人提醒指点得更加谨严他就会越加勤谨，如果主人放纵他使他慢懈他就会丢弃初来时的本心，时间长了就养成怠惰之性。出仕做官的人也是如此，在治明的朝廷做官德行就日益进，在混乱的朝廷做官德行就日益退，就看在上的人有没有可学之处了。

近思録

卷七 出處進退辭受之義

【原文】

伊川先生曰：賢者在下，豈可自進以求於君？苟自求之，必無能信用之理。古人之所以必待人君致敬盡禮而後往者，非欲自爲尊大，蓋其尊德樂道之心不如是，不足與有爲也。

——《程氏易傳・蒙傳》

【译文】

程颐说：贤者处在下位，怎么可以自我晋身以求于国君呢？如果自己去求他，定无能为他信任重用的道理。古人之所以定要等到国君致敬尽礼后才去辅佐他，不是想自我尊大，而是因为国君如果没有这样的尊德乐道之义，就不能够一同有所作为。

【原文】

君子之需時也，安靜自守。志雖有須，而恬然若將終身焉，乃能用常也。雖不進而志動者，不能安其常也。

——《程氏易傳・需傳》

【译文】

君子等待时机的时候呀，安静以自守。心志上虽然在等待时机以期有所作为，但心情恬淡像是要终身这样自守下去，这样才能不失其常。虽然没去进身但心志躁动以求进的人，是不能安于常道的。

【原文】

「比吉，原筮，元、永、貞，無咎。」《傳》曰：人相親比，必有其道。苟非其道，則有悔咎。故必推原占決其可比者而比之。所比得元、永、貞，則無咎。元，謂有君長之道；永，謂可以常久；貞，謂得正道。上之比下，必有此三者；下之從上，必求此三者。則無咎也。

——《程氏易傳・比傳》

【译文】

《比卦》卦辞说："比吉，推究一下原占的结果，如果具备元、永、贞三者，去亲附就不会有灾难。"程颐解释说：人与人相亲相附，一定要有原则。如果违背原则去亲附，就会有悔恨和灾难。所以一定要推究一下占筮的结果，决断那些可以亲附的人而去亲附，所亲附的人具备元、永、贞三德，就没有灾难。元，是说这人具有君长之道；永，是说亲附可以长久；贞，是说得行正道。在上位的人使在下的人亲附自己，一定要有这三种品德。在下的人去跟从在上的人，一定得要求在上的人具备这三种品德，如此就不会有灾祸。

【原文】

《履》之初九曰："素履往，無咎。"《傳》曰：夫人不能自安於貧賤之素，則其進也，乃貪躁而動，求去乎貧賤耳，非欲有爲也。既得其進，驕溢必矣，故往則有咎。賢者則安履其素，其處也樂，其進也將有爲也。故得其進，則有爲而無不善。若欲貴之心與行道之心交戰於中，豈能安履其素乎？

——《程氏易傳・履傳》

【译文】

《履》卦的初九爻辞说："素履往，无咎。"程颐解释说：人如果不能安于贫贱，那么他的进身，就是贪心浮躁而动，他的进取只不过是要改变其贫贱，并非要有所作为。一旦得以进身，必然骄慢张扬，所以前往就有灾难。贤者则安于他的平素，他处在贫贱时安乐，他的进身做官是想有所作为。所以贤人能够进身，就有作为而无不善。如果他想要显贵之心与行道之心在胸中交战，那怎么能够安于他贫贱之素呢？

【原文】

大人於否之時，守其正節，不雜亂於小人之羣類，身雖否而道之亨也，故曰："大人否，亨。"不以道而身亨，乃道否也。

——《程氏易傳・否傳》

【译文】

大人在否而不通的时候，守持其正节，不混杂在小人的群类中，身虽不达而道却亨通，所以《否卦》六二爻辞说："大人否，亨。"用悖于正道的手段而使身显达，那却是道否了。

【原文】

人之所隨，得正則遠邪，從非則失是，無兩從之理。《隨》之六二，苟係於初則失五矣，故《象》曰："弗兼與也。"所以戒人從正當專一也。

——《程氏易傳・隨傳》

【译文】

人选择相伴随的人，得到正人则远离了邪人，跟从了错误的就失去了正确的，没有两从的道理。《随卦》的六二爻，如果系身于初爻就失去五爻了，所以其《象辞》说：「不可能两者都交结着。」这话的目的是告诫人从正道要专一呀。

【原文】

君子所貴，世俗所羞；世俗所貴，君子所賤。故曰：「賁其趾，舍車而徒。」

——《程氏易傳・賁傳》

【译文】

君子所珍视的，世俗却感到羞涩；世俗所看重的，君子却鄙视之。所以《贲卦》的初九爻辞说：「把脚装饰得很漂亮，丢掉车子徒步走。」

【原文】

《蠱》之上九曰：「不事王侯，高尚其事。」《象》曰：「不事王侯，志可則也。」《傳》曰：士之自高尚，亦非一道：有懷抱其德，不偶於時，而高潔自守者；有知止足之道，退而自保者；有量能度分，安於不求知者；有清介自守，不屑天下之事，獨潔其身者。所處雖有得失小大之殊，皆自高尚其事者也。《象》所謂「志可則」者，進退合道者也。

——《程氏易傳・蠱傳》

【译文】

《蛊卦》的上九爻辞说：「不事王侯，高尚其事。」其《象辞》说：「不事王侯，其志趣可作法则。」程颐解释说：士人的自求高尚，也不是一种情况：有怀抱其非常之德，而不合于时，暂以高洁自守的；有知止知足，功成身退，明哲保身的；有量己之能不足，度己之分不高，自安于贫贱而不求闻达的；有清风介节以自守，不屑于为天下事，独自高洁其身的。他们处身虽有得有失，所见有大有小，各有不同，但都属于自我高尚其志的人。《象辞》所说的「志可则」，是说他们进退都合于道啊。

【原文】

《遯》者陰之始長。君子知微，固當深戒。而聖人之意，未便遽已也，故有「與時行，小利貞」之教。聖賢之於天下，雖知道之將廢，豈肯坐視其亂而不救？必區區致力於未極之間，強此之衰，艱彼之進，圖其暫安。苟得爲之，孔、孟之所屑爲也，王允、謝安之於漢、晉是也。

——《程氏易傳・遯傳》

【译文】

《遯卦》是阴气始长的时候，君子明察几微，知小人之道已长，所以应该深自戒惧。但圣人之意并不马上停止他的作为，所以有「把握时机行动，利于小而贞」的教导。圣贤对于天下之势，尽管知道大道将废，但他岂肯坐视其乱而不救呢？一定区区致力于未到大坏之时，强扶阳气君子之道之衰，设置阻力抑遏阴气小人之道的发展，以图天下暂时安定。如果能够做，孔子、孟子这样的大圣大贤也肯去做，王允之在汉末、谢安之在晋世就是如此啊。

【原文】

《明夷》初九，事未顯而處甚艱，非見幾之明不能也。如是則世俗孰不疑怪？然君子不以世俗之見怪，而遲疑其行也。若俟衆人盡識，則傷已及而不能去矣！

——《程氏易傳・明夷傳》

【译文】

《明夷卦》的初九爻，小人残害君子之事还没有形成实际行动而处在刚刚发端的征兆状态，君子的处境已很艰难，如果没有君子见微知著的明智是不能察觉的。此时君子避身而去，这样世俗之人怎能不感到不可理解呢？但是君子不因为世俗之人觉得奇怪就迟迟疑疑不行动。如果等到普通人都明白的时候，那么伤害已经落到头上想躲避也躲不及了！

【原文】

《晉》之初六，在下而始進，豈遽能深見信於上？苟上未見信，則當安中自守，雍容寬裕，無急於求上之信也。苟欲信之心切，非汲汲以失其守，則悻悻以傷於義矣。故曰：「晉如，摧如，貞吉，罔孚，裕無咎。」然聖人又恐後之人不達寬裕之義，居位者廢職失守以爲裕，故特云「初六，裕無咎」者，始進未受命當職任故也。若有官守，不信於上而失其職，一日不可居也。然事非一概，久速唯時，亦容有爲之兆者。

——《程氏易傳・晉傳》

【译文】

《晋卦》的初六爻居于最下，象征人刚开始进身，怎么能一下子就被在上者所深信呢？如果在上的人还没有相信你，就应当安定你的心而自守，表现出雍容宽裕，不要急于求得在上者的信任。如果你想求得信任的心迫切，不是急急切切地失去你的操守，就是因忿忿不平而伤于义理，所以初六的爻辞说：「要求进，遭受摧折，但坚守纯正就吉，不能取信于人，从容坦然就无害。」然而圣人又担心后人不明白宽裕的含义，担心那些居有官位的人也废弃职守去追求宽裕不迫，所以在《象辞》中又特地指出初六爻说的裕无咎，是就刚刚进身还没有接受任命担当职责的人说的。如果你有了官职，不能取信于上就会失其职，一天也捱不过去

的。但事情不可一概而论，并非始进身都必须宽裕不迫，或迟或速，只看时宜，也或许有速进的征兆，所贵的是明察几微而识变通。

【原文】

不正而合，未有久而不離者也。合以正道，自無終睽之理。故賢者順理而安行，智者知幾而固守。

——《程氏易傳·睽傳》

【译文】

不正当的相合，没有能持久不离的。以正道相合，则自无终离之理。所以贤达的人顺理之自然而安行无事，智慧的人知其几微之必然而固守不惑。

【原文】

君子當困窮之時，既盡其防慮之道而不得免，則命也。當推致其命以遂其志。知命之當然也，則窮塞禍患不以動其心，行吾義而已。苟不知命，則恐懼於險難，隕獲於窮厄，所守亡矣，安能遂其爲善之志乎？

——《程氏易傳·困傳》

【译文】

君子当困窘艰难的时候，尽力去避免仍然不能免于困窘，那是命之当然了。但君子在困境中还是应该推究天命以实现其志向。明白了天命之当然，那么任何困难险阻与祸患都不能动摇其心志，只知道去实践自己的道义而已。如果不明天命，就会在艰难面前恐惧，就会在困迫面前丧气，失去了自己的操守，又怎么能实现为善的志愿呢？

【原文】

寒士之妻，弱國之臣，各安其正而已。苟擇勢而從，則惡之大者，不容於世矣。

——《程氏易傳·困傳》

【译文】

寒士的妻子，弱国的臣子，各应安于正道。如果选择有势之家之国去侍奉，弃己之君之夫，那就是大的罪恶，为天地所不容了。

【原文】

《井》之九三，渫治而不見食，乃人有才智而不見用，以不得行爲憂惻也。蓋剛而不中，故切於施爲，異乎「用之則行，舍之則藏」者矣。

——《程氏易傳·井傳》

【译文】

《井卦》的九三爻，水澄清了人们却不吃，象征人有才智却不被任用，因为自己不得行于时而忧伤。这一爻刚而不中，所以迫切地要有所作为，这就与孔子说的「为世所用就去实行，不为世用我就归隐」不相合了。

【原文】

《革》之六二，中正則無偏蔽，文明則盡事理，應上則得權勢，體順則無違悖。時可矣，位得矣，才足矣，處《革》之至善者也。必待上下之信，故「巳日乃革之」也。如二之才德，當進行其道，則吉而無咎也。不進則失可爲之時，爲有咎也。

——《程氏易傳·革傳》

【译文】

《革卦》的六二爻，处于中正则无偏无蔽，文明则穷知事理，与上相应则得到权势，爻体柔顺则没有相违相背的东西。时机正好，权位也有，才德又足，所以说它处在《革卦》最好的位置。但一定要等待上下都信从了才能变革，所以说「祭祀的日子才举行变革」。像六二爻这样的才德，应当积极求进以推行其道，这样才吉利而无害。如果不去进取而失去大有作为的时机，那就是有罪过了。

【原文】

鼎之有實，乃人之有才業也，當慎所趨向。不慎所往，則亦陷於非義，故曰：「鼎有實，慎所之也。」

——《程氏易傳·鼎傳》

【译文】

鼎中盛有实物，象征人有才业，固然可贵，但应该慎重决定自己的趋向。不慎重决定自己所趋所从，也会陷入不义，所以《鼎卦》九二之《象辞》说：「鼎中盛有实物，慎重选择去向。」

【原文】

士之處高位，則有拯而無隨；在下位，則有當拯，有當隨，有拯之不得而後隨。

——《程氏易傳·艮傳》

【译文】

士处在高的位置上，对于属下的过失，只有拯救而不能追随；处在低下的地位，对于上司的过失，有应该拯救的，有应该随从的，有拯救而不得而后随从的。

【原文】

「君子思不出其位。」位者，所處之分也。萬事各有其所，得其所則止而安。若當行而止，當速而久，或過或不及，皆出其位也，況踰分非據乎！

——《程氏易傳·艮傳》

【译文】

「君子思不出其位。」位的意思指所处的分限。一切事物都有自己应在的处所，能处于自己应处的处所就静止而安定。人的行事，如果该进取你却止步不前，该迅速你却迟缓，或过之或不及，都是出其位（超越了你应处的位置），何况超出分限而据于不应据之处呢！

【原文】

人之止難於久終，故節或移於晚，守或失於終，事或廢於久，人之所同患也。《艮》之上九，敦厚於終，止道之至善也。故曰：「敦艮，吉。」

——《程氏易傳·艮傳》

【译文】

人的坚守最难的是坚持到长久、坚持到最后，所以有的人晚年变节，有的人最后失去操守，事情有时在做了很久后又废弃了，这是人们都担忧的。《艮卦》的上九爻，敦实谨厚到最终，达到了止道最完善的地步。所以说：「敦厚到终止，吉利。」

【原文】

《中孚》之初九曰：「虞吉。」《象》曰：「志未變也。」《傳》曰：「當信之始，志未有所從，而虞度所信，則得其正，是以吉也。志有所從，則是變動，虞之不得其正矣。」

——《程氏易傳·中孚傳》

【译文】

《中孚卦》的初九爻辞说：「推测得结果吉利。」《象辞》说：「心志还没有变化。」程颐解释说：「当刚开始选择信任对象时，认识没有受到外界的影响，这时推测要信任的对象，能够选择得正确，所以吉利。心志受到影响后，认识就变化了，再去推测就不会有正确的结果了。」

【原文】

賢者惟知義而已，命在其中。中人以下，乃以命處義。如言「求之有道，得之有命」，是求無益於得。知命之不可求，故自處以不求。若賢者則求之以道，得之以義，不必言命。

——《二程遺書》卷一

【译文】

贤者只知道按照义的当然去做事罢了，命也就包含在义中了。中等以下的人，却是用命定的态度来对待义的。例如孟子说的「追求要按一定的方式，得到得不到就听凭命运了」，追求无益于获得。他们如果知道是命中不可求的东西，就会放弃追求。如果是贤者，则追求时按照正当的方式，按照义的准则应该得到的就得，不必说命中有无。

【原文】

人之於患難，只有一個處置。盡人謀之後，卻須泰然處之。有人遇一事，則心心念念不肯舍，畢竟何益？若不會處置了放下，便是無義無命也。

——《二程遺書》卷二上

【译文】

人对待患难，只有一种处置。尽心尽力处置之后，就应该泰然处之了。有的人一遇到事，就心心念念不肯放下，这到底会有什么帮助？如果不会处置了放下，就是既不知义也不知命了。

【原文】

門人有居太學而欲歸應鄉舉者，問其故，曰：「蔡人尠習《戴記》，決科之利也。」先生曰：「汝之是心，已不可入於堯舜之道矣。夫子貢之高識，曷嘗規規於貨利哉？特於豐約之間，不能無留情耳。且貧富有命，彼乃留情於其間，多見其不信道也，故聖人謂之『不受命』。有志於道者，要當去此心而後可語也。」

——《二程遺書》卷四

【译文】

程颐的门人有在太学读书却想回乡应举的，问他为什么回去，他说：「我的家乡上蔡的人很少有学《礼记》的，这样对我应举有利。」程颐说：「你有这样的想法，就已经不能学到尧舜之道了。拿子贡那样高远的见识，何曾两眼盯着经商的利润呢？只不过他在生活和财富的丰厚与贫乏之间，不能做到不加留心罢了。况且人的贫富自有天命，他却留心于贫富，可见他不信道啊，所以圣人批评他『不接受天命』。有志于学道的人，一定要去除这种思想，然后才可以和他谈论圣人之道。」

【原文】

人苟有「朝聞道，夕死可矣」之志，則不肯一日安於所不安也。何止一日，須臾不能。如曾子易簀，須要如此乃安。人不能若此者，只爲不見實理。實理者，實見得是，實見得非。凡實理得之於心自別。若耳聞口道者，心實不見。若見得，必不肯安於所不安。人之一身，盡有所不肯爲，及至他事又不然。若士者，雖殺之，使爲穿窬必不爲，其他事未必然。至如執卷者，莫不知説禮義。又如王公大人，皆能言軒冕外物，及其臨利害，則不知就義理，卻就富貴。如此者只是説得不實見。及其蹈水火，則人皆避之，是實見得。須是有「見不善如探湯」之心，則自然別。昔曾經傷於虎者，他人語虎，則雖三尺童子皆知虎之可畏，終不似曾經傷者神色懾懼，至誠畏之，是實見得也。得之於心，是謂有德，不待勉強。然學者則須勉強。古人有損軀隕命者，若不實見得則烏能如此？須是實見得，生不重於義，生不安於死也。故有殺身成仁，只是成就一個「是」而已。

——《二程遺書》卷十五

【译文】

人如果有「早上学得了道，哪怕晚上就死也值得」的志向，那么他一天也不肯安处于他不应该安处的地方。何止一天，连片刻的工夫都不能安处。例如曾子临死时要换掉他不该铺的席子，定要换掉他才能安心地死去。人不能如此，只是因为没有实实在在明白理。实在的明理，就是说他实实在在地认识到什么是对的，什么是不对的。大凡心中明白了实在的理就自然不同。

如果道理只是耳朵听听嘴里说说，那他心里实在并不明理。如果明白，必然不肯安处所不应安处之地。同是一人一身，这件事他不肯做，及至遇到另外类似的事又不坚持。比如士人，即使杀了他，让他去干穿墙为盗的事他都肯定不干，其他有类似性质的事却未必如此。至于求学读书的人，没有哪一个不懂得讲礼说义。又如王公大人，都能说官位呀富贵荣耀呀都是身外之物，但等到实际面对利害选择时，就不知道要选择义理，却选择了富贵。像这样的人只是嘴上能说，不真正明白。当您让人们跳到水里火里时，则人人都知道躲避，这是他们实在懂得水火不可蹈的道理。应该有「看到不好的东西躲避它就像手伸到开水里赶紧抽出来一样」的心，自然就不同了。过去曾经被虎伤过的人，那么别人说虎，尽管说三尺童子都知道老虎可怕，但到底不像曾经被虎伤过的人神色那样恐惧，非常实在地害怕，他是真的明白虎的可怕。心中有得，这称作德，不需要勉强。然而学习却须要努力。古人有捐躯献身的，如果不是实在的明白理，则怎能如此？应是实在看到生没有义更重要，活着没有死去安心呀。所以才有杀身成仁，他也只是成就了一个理应如此而已。

【原文】

孟子辨舜、跖之分，只在義利之間。言「間」者，謂相去不甚遠，所爭毫末爾。義與利只是個公與私也，才出義便以利言也。只那計較便是爲有利害，若無利害，何用計較？利害者，天下之常情也。人皆知趨利而避

害，聖人則更不論利害，惟看義當爲不當爲，便是命在其中也。

——《二程遺書》卷十七

【译文】

孟子分辨圣人大舜和大盗柳下跖的不同，只在义和利之间。说「间」的意思，就是说相差不很多，只在毫末之间罢了。义与利只是个公与利，刚刚脱离了义就是从利上说了。只那遇事算计较量就是因为有利害，如果没有利害，哪用算计比较？利害，是天下的常情。人都知道趋利避害，圣人则从不论利害，只从义上看该做不该做，天命也就包含在其中了。

【原文】

大凡儒者，未敢望深造於道，且只得所存正，分别善惡，識廉恥，如此等人多亦須漸好。

——《二程遺書》卷十七

【译文】

大抵说对于普通的读书人，不要希望他们圣人之道有多深造诣，且只做到存心端正，善善恶恶，知廉识耻，这样的人大多会渐渐好起来的。

【原文】

趙景平問：「『子罕言利』，所謂利者何利？」曰：「不獨財利之利，凡有利心，便不可。如做一事，須尋自家穩便處，皆利心也。聖人以義爲

利，義安處便爲利。如釋氏之學，皆本於利，故便不是。」

——《二程遺書》卷十六

【译文】

赵景平问：「《论语》上说『孔子很少谈到利』，所谓利是什么利呢？」程颐说：「他说的不仅是财利之利，凡是有利己之心，就不可。如做一件事，就考虑如何对自己方便，这都是利己之心。圣人以义为利，从义的角度看稳妥就是利。至如佛教的学说，都是从利出发立论的，所以就不对。」

【原文】

問：「邢七久從先生，想都無知識，後來極狼狽。」先生曰：「謂之全無知則不可，只是義理不能勝利欲之心，便至如此也。」

——《二程遺書》卷十九

【译文】

有人问：「邢恕长期跟从先生您学习，想来他什么也没学到学懂，后来才弄得与人朋比为奸而声名狼藉。」程颐说：「说他全都不懂则不可，只是他义理不能战胜利欲之心，就到了这地步。」

【原文】

謝湜自蜀之京師，過洛而見程子。子曰：「爾將何之？」曰：「將試教官。」子弗答。湜曰：「何如？」子曰：「吾嘗買婢，欲試之，其母怒而弗許，曰：『吾女非可試者也。』今爾求爲人師而試之，必爲此媪笑也。」湜遂不行。

——《二程遺書》卷二十一上

【译文】

谢湜自蜀中到京师，路过洛阳去拜见程颐。程颐说：「你准备到哪里去？」回答说：「我要去做试用的教官。」程颐不回答。谢湜问：「怎么样呢？」程颐说：「我曾经去买婢妾，想先试用她，她母亲很生气，不答应，说：『我的女儿不是可以试用的。』现在你想为人之师却让人家试用，必然被这位老婆婆耻笑。」谢湜听了这话就不去了。

【原文】

先生在講筵，不曾請俸，諸公遂牒户部，問不支俸錢。户部索前任歷子，先生云：「某起自草萊，無前任歷子。」遂令户部自爲出券歷。又不爲妻求封，范純甫問其故，先生曰：「某當時起自草萊，三辭然後受命，豈有今日乃爲妻求封之理？」問：「今人陳乞恩例，義當然否？人皆以爲本分，不爲害。」先生曰：「只爲而今士大夫道得個『乞』字慣，却動不動又是『乞』也。」因問：「陳乞封父祖如何？」先生曰：「此事體又別。」再三請益，但云其說甚長，待別時說。

——《二程遺書》卷十九

【译文】

程颐做侍讲时，不曾向朝廷请俸钱，几位做官的师友呈文给户部，问为何不支给俸钱。户部要他原任职务的历子，程颐说：「我从布衣平民来，先前未仕，没有原任历子。」于是就让户部自己出了个历子。他又不为妻子求封号，范祖禹问他为什么，程颐说：「我当初以白身被召起，多次辞谢不得才受命，哪有今天反倒为妻子求封号的道理呢？」问：「今人陈乞恩例，从义上说是否当然应该的呢？」并说：「人都认为这是本分中事，没有什么妨害。」程颐说：「只因为如今的士大夫说这『乞』字都说惯了，动不动又是个『乞』。」又问：「陈乞封父祖应不应该？」程颐说：「这件事又与乞封妻不同。」再三请教，只说这话说起来太长，待别的时候说吧。

【原文】

漢策賢良，猶是人舉之。如公孫弘者，猶強起之乃就對。至如後世賢良，乃自求舉爾。若果有曰：「我心只望廷對，欲直言天下事。」則亦可尚已。若志在富貴，則得志便驕縱，失志則便放曠與悲愁而已。

——《二程遺書》卷一

【译文】

汉代策试贤良，还是别人举荐，例如公孙弘这人，还是强行召起他才去对策的。至于后世的贤良，却是自己要求推举的。如果真的有个人说：「我心里只希望在朝廷上与皇帝对策，是想

有这么个机会直言天下大事。」那也还值得推崇。如果是追求富贵，那么得到富贵就会骄纵，得不到富贵就会放旷或者悲愁，不过如此罢了。

【原文】

伊川先生曰：人多説某不教人習舉業，某何嘗不教人習舉業也？人若不習舉業而望及第，卻是責天理而不修人事。但舉業既可以及第即已，若更去上面盡力求必得之道，是惑也。

——《二程遺書》卷十八

【译文】

程颐说：人多说我不让人学习应举的学业，我何曾不让人学习应举的学业？人如果不学习应举的学业而希望科举及第，那是他只要求天命而不尽自身努力。但是应举的学业能让你科举及第就是了，如果进一步在上面竭尽全力去研究如何必能及第，那就是糊涂了。

【原文】

問：「家貧親老，應舉求仕，不免有得失之累，何修可以免此？」伊川先生曰：「此只是志不勝氣。若志勝，自無此累。家貧親老，須用禄仕，然『得之不得爲有命』。」曰：「在己固可，爲親奈何？」曰：「爲己爲親，也只是一事。若不得，其如命何？孔子曰：『不知命，無以爲君子。』人苟不知命，見患難必避，遇得喪必動，見利必趨，其何以爲君子？」

——《二程遺書》卷十八

【译文】

有人问："家境贫寒，双亲年老，应举求官，难免担心不能考中得官，心中不宁，修习什么能免除这种牵累呢？"程颐说："这也只是心志不能战胜血气。如果心志胜，志定则自无此累。家贫亲老，需要做官取俸禄来养亲，然而『能不能得官却在于命』。"又问："就自己说得不得官固然都可，为父母之计奈何？"程颐说："为自身和为双亲，也只是一回事。如果不能得官，那是天命，又能怎么样呢？孔子说：『不知天命不能成为君子。』人如果不知天命，遇见患难一定逃避，遇到得失一定会动心，看到利益就定会去追求，那怎么会成为君子呢！"

【原文】

或謂科舉事業，奪人之功。是不然。且一月之中，十日爲舉業，餘日足可爲學。然人不志於此，必志於彼。故科舉之事，不患妨功，惟患奪志。

——《二程外書》卷十一

【译文】

有人说习科举之业，侵占了人学道的时间。这不对。就说这一月之中，十天学举业，其余日子足可以学道。但人的志向不在此就在彼。所以科举这事，不担心它妨碍学道的日功，只担心它改变了人的志向。

【原文】

横渠先生曰：世禄之榮，王者所以録有功，尊有德，愛之厚之，示恩遇之不窮也。爲人後者，所宜樂職勸功，以服勤事任，長廉遠利，以似述世風。而近代公卿子孫，方且下比布衣，工聲病，售有司，不知求仕非義，而反羞循理爲無能。不知蔭襲爲榮，而反以虚名爲善繼。誠何心哉！

——張載《横渠文集·策問第五》

【译文】

张载说：朝廷世禄的荣遇，是帝王用之记取有功的人，尊崇有德的人，眷爱他们，厚遇他们，延及他们的子子孙孙，以表示对他们的恩遇是没有穷尽的。作为世家之后的人，应该做的是乐于你的职守励行你的事功，竭尽全力从事你的职事，培养你的清廉而远避利欲，这样来继承祖述你先世的家风。然而近代的公卿子孙，却要下比布衣寒士，工研诗赋技巧，要以此换取有司的录用，不懂得求仕原本不合道义，而反认为安分循理袭职为无能。不懂得荫袭是一种荣遇，而反以科举虚名为善继先人之志。这究竟是出于什么心理啊！

【原文】

不資其力而利其有，則能忘人之勢。

——張載《孟子説》

【译文】

不想求助于他人的权力，又不想从他人的富有得到好处，就能忘怀于他人的权势。

【原文】

人多言安於貧賤，其實只是計窮力屈才短，不能營畫耳。若稍動得，恐未肯安之。須是誠知義理之樂於利欲也，乃能。

——張載《經學理窟·氣質》

【译文】

人多说自己安于贫贱，其实只是由于他无计可施才力不足，不能谋划罢了。如果多少能够活动，恐怕未必肯安。一定要是真正懂得义理之乐超过利欲的，才能安于贫贱。

【原文】

天下事大患只是畏人非笑，不養車馬，食麤，衣惡，居貧賤，皆恐人非笑。不知當生則生，當死則死，今日萬鍾，明日棄之，今日富貴，明日飢餓，亦不恤，惟義所在。

——張載《經學理窟·自道》

【译文】

天下事最怕的就是怕人讥笑，如没有车马，吃的粗劣，穿的不好，居住寒酸，都怕人讥笑。而不懂得当生就生，当死就死，今日家有万钟，明日弃之一空，今日富贵，明日饥饿，也都在所不惜，只随义而行。

卷八 治國平天下之道

【原文】

濂溪先生曰：治天下有本，身之謂也；治天下有則，家之謂也。本必端。端本，誠心而已矣；則必善，善則，和親而已矣。家難而天下易，家親而天下疏也。家人離，必起於婦人，故《睽》次《家人》，以「二女同居而志不同行」也。堯所以釐降二女於嬀汭，舜可禪乎？吾茲試矣。是治天下觀於家，治家觀身而已矣。身端，心誠之謂也；誠心，復其不善之動而已矣。不善之動，妄也；妄復，則無妄矣；無妄，則誠矣。故《無妄》次《復》，而曰：「先王以茂對時，育萬物。」深哉！

——周敦頤《通書·家人睽復無妄》

【译文】

周敦颐说：治理天下有其根本，那就是治天下者的自身；治理天下有其样板，那就是治天下者的家庭。这根本一定要端正。端正的办法，诚其心而已；样板一定要善，使其善的方法，使亲人和顺而已。治家难，治天下易，这是因为家人亲而义难胜情，天下疏而公易制私。家人不和必从妇人引起，所以《周易》中《睽卦》紧接《家人卦》后，其《彖辞》并说「二女同居而志不

同行」。尧之所以把两个女儿下嫁给舜，是考虑舜是不是可以让其禅让天下给他呢？其要通过两个女儿去试试他。如此则要想知道一个人能不能治理天下就观察他的治家，治家如何则观察他一身就够了。自身端正，说的是他心诚；诚心，就是消除其不善的念头都返回到心之本善而已。不善的念头，是虚妄欺妄；消除虚妄欺妄回归到本善之心，就无妄了；无妄，就真诚诚实了。所以《周易》中《无妄卦》紧接《复卦》之后，《无妄卦》的《象辞》还说：「先王以其盛德配对上天，按时发育着万物。」寓意深刻呀！

【原文】

明道先生嘗言於神宗曰：得天理之正，極人倫之至者，堯舜之道也。用其私心，依仁義之偏者，霸者之事也。王道如砥，本乎人情，出乎禮義，若履大路而行，無復回曲。霸者崎嶇，反側於曲徑之中，而卒不可與入堯舜之道。故誠心而王則王矣，假之而伯，則伯矣。二者其道不同，在審其初而已，《易》所謂「差之毫釐，謬以千里」者，其初不可不審也。惟陛下稽先聖之言，察人事之理，知堯舜之道備於己，反身而誠之，推之以及四海，則萬世幸甚！

——《二程文集》卷一《論王霸札子》

【译文】

程颢曾对宋神宗说：能得天理之正道，又能尽人伦关系之极致的，是尧舜之道。运用自己私心，而假借仁义之名而仅得仁义之偏的，是春秋五霸们所行的事。王道平直就像磨刀石，它以人之常情为本，从礼义出发，行王道就像在大路上行走，再没有曲折。霸者的路却是崎岖的，辗转于曲折的小路中，而到底也无法和他同入于尧舜之道。所以诚心诚意地行王道就成王道，假借着王道的美名而威霸天下就成霸道了。王道与霸道的不同，只在审察起初一念之微而已，这就是《易》上说的「差之毫厘，谬以千里」，所以最初一念之微不可不审察呀。希望陛下您考察古代圣王之言，考察人事之理，明白尧舜之道本具备于自身，然后反身求己而诚其心，推广其道而行于天下，那就是天下万世的幸福呀。

【原文】

伊川先生曰：當世之務，所尤先者有三：一曰立志，二曰責任，三曰求賢。今雖納嘉謀，陳善算，非君志先立，其能聽而用之乎？君欲用之，非責任宰輔，其孰承而行之乎？君相協心，非賢者任職，其能施於天下乎？此三者本也，制於事者用也。三者之中，復以立志爲本。所謂立志者，至誠一心，以道自任，以聖人之訓爲可必信，先王之治爲可必行，不狃滯於近規，不遷惑於衆口，必期致天下如三代之世也。

——《二程文集》卷五《爲家君應詔上英宗皇帝書》

【译文】

程颐说：当世之事，特别应该优先做好的有三项：第一是立志，第二是责任，第三是求贤。尽管有人献上好的谋略，陈述好的计划，如果君主不先立志，能听从并采用吗？君主想采用，而不责成专任于宰辅大臣，那谁来接受去执行呢？国君宰相同心协力，没有贤者在下任职，那么能够推广于天下吗？这三项是治国根本，至于具体临事裁断，那只是具体应用。这三者之中，又以立志为根本。所谓立志，就是至诚一心，以实行圣人之道为己任，以圣人之垂训为必定可信，以先王之治法为必定可行，不被近世的规则习俗束缚，不被众说纷纭所迷惑，而坚定地以使天下达到上古三代之治为目的。

【原文】

《比》之九五曰：「顯比，王用三驅，失前禽。」《傳》曰：人君比天下之道，當顯明其比道而已。如誠意以待物，恕己以及人，發政施仁，使天下蒙其惠澤，是人君親比天下之道也。如是，天下孰不親比於上？若乃暴其小仁，違道干譽，欲以求下之比，其道亦已狹矣，其能得天下之比乎？王者顯明其比道，天下自然來比。來者撫之，固不煦煦然求比於物，若田之三驅，禽之去者從而不追，來者則取之也。此王道之大，所以其民皞皞，而莫知爲之者也。非惟人君比天下之道如此，大率人之相比莫不然。以臣於君言之，竭其忠誠，致其才力，乃顯其比君之道也。用之與否，在君而已，不可阿諛奉迎，求其比己也。在朋友亦然，修身誠意以待之，親己與否，在人而已，不可巧言令色，曲從苟合，以求人之比己也。於鄉黨親戚，於衆人，莫不皆然，「三驅，失前禽」之義也。

——《程氏易傳·比傳》

【译文】

《比卦》的九五爻辞说：「显比，王用三驱，失前禽。」程颐解释说：人君使天下亲附的方法，应该明确显示他亲附之意于天下而已。如以诚意对待外物，以宽恕之意推己及人，施行仁政，使天下人受其恩泽，这就是人君使天下亲附的方法呀。如此，天下人谁不亲附于上呢？如果只是显露小仁，违背道义而求虚名，想要让下面的人亲附，那路子也就狭窄了，难道能得到天下人的亲附吗？帝王们充分显示亲附天下之意，天下自然来亲附。来亲附的就抚慰他们，本不需要故意做出和乐的样子来求得外物的比附，就像田猎中的三面驱兽，禽兽逃去的不去追，自行来的则取之。这是王者功德浩大，所以其民心情舒畅，其乐融融而不知所为。不仅人君比附天下之道如此，大率人之相互亲附莫不如此。以臣下对于国君而言，竭尽其忠诚，贡献其才力，乃是显示其亲附君上之道呀。任用或是不用，在君上而已，不可阿谀逢迎，求得君主亲任自己。在朋友之间也是这样，修身诚意以待来者，至于亲附与否，则在于他人，不可花言巧语做出讨好人的姿态，曲从苟合，去求得别人亲附自己。对于乡里亲戚，对于普通的人，全都如此，这就是「三

驱，失前禽」的含义啊。

【原文】

古之時，公卿大夫而下，位各稱其德，終身居之，得其分也；位未稱德，則君舉而進之。士修其學，學至而君求之。皆非有預於己也。農工商賈，勤其事而所享有限。故皆有定志，而天下之心可一。後世自庶士至於公卿，日志於尊榮；農工商賈，日志於富侈。億兆之心，交騖於利，天下紛然，如之何其可一也？欲其不亂，難矣！

——《程氏易傳・履傳》

【译文】

古时候，自公卿大夫而下，职位各与其德行相称，终身居其职，得其应得之分；职位低而与其德高不相符的，国君就会提举之而进于高的职位。士人修习学业，学成了国君就会求其出仕。这都与个人没有关系。农工商人，勤于他的事务，享受他应得的分限。所以人人全都各有其定志，而天下之心可以统一。后世从庶民士人直至公卿，天天想的是得到尊荣；农工商人，天天想的是能够富贵侈华。亿兆人之心一起追逐利欲，天下纷纷，怎么能够统一呢？想要不乱，难呀！

【原文】

《泰》之九二曰：「包荒，用馮河。」《傳》曰：人情安肆，則政舒緩，而法度廢弛，庶事無節。治之之道，必有包含荒穢之量，則其施爲，寬裕詳

密，弊革事理，而人安之。若無含弘之度，有忿疾之心，則無深遠之慮，有暴擾之患。深弊未去，而近患已生矣。故在包荒也。自古泰治之世，必漸至於衰替，蓋由狃習安逸，因循而然。自非剛斷之君，英烈之輔，不能挺特奮發以革其弊也，故曰：「用馮河。」或疑上云「包荒」，則是包含寬容，此云「用馮河」，則是奮發改革，似相反也。不知以含容之量，施剛果之用，乃聖賢之爲也。

——《程氏易傳・泰傳》

【译文】

《泰卦》的九二爻辞说：「包荒，用凭河。」程颐解释说：当安泰之世，人情安逸而不加约束，政令也就舒缓，法度废弛，各种事务也都没有了节制。治理的办法，一定要有含容一切不良现象的气量，在施政时才能既宽厚有余又详明密察，弊病革去，政事治理，这一切做得稳妥而不引起动荡，人民也感到很安定。如果没有胸怀宽广的气度，就会有愤恶急于求成之心；缺乏深远之谋，就会有急暴纷乱之病。这样原有的深弊未能革去，而眼前的患害已经产生。所以安定而革除弊病，在于有包容之量。自古太平治世，定会渐渐至于衰退，这是由于人们在太平之世习惯于安逸，因循不思作为而形成的。除非有刚果决断的君主，英杰伟烈之辅臣，不能挺起特出奋发而革除其弊，所以说：「用凭河。」有人怀疑上边说「包荒」，是要包含宽容，这里又说「用凭河」，是要发奋改革，似乎是两相矛盾的。而不知以含容之量，来推行刚果之措施，才是圣贤的作

为。

【原文】

「《觀》，盥而不薦，有孚顒若。」《傳》曰：君子居上，爲天下之表儀，必極其莊敬。如始盥之初，勿使誠意少散。如既薦之後，則天下莫不盡乎誠，顒然瞻仰之矣。

——《程氏易傳·觀傳》

【译文】

《周易·观卦》卦辞说：「《观》，盥而不荐，有孚颙若。」程颐引胡瑗的话解释说：君子居于高的位置上，作为天下人的表仪榜样，一定要极力表现你的庄严谨敬。程颐说：就像祭祀之前洗手时那样，不要使自己的敬诚之心有一点点消散。又像祭祀中献祭之后，天下之人全都会极尽他的信仰，十分尊敬地仰望着你了。

【原文】

凡天下至於一國一家，至於萬事，所以不和合者，皆由有間也。無間則合矣。以至天地之生，萬物之成，皆合而後能遂。凡未合者，皆爲有間也。若君臣、父子、親戚、朋友之間，有離貳怨隙者，蓋讒邪間於其間也。去其間隔而合之，則無不合且洽矣。《噬嗑》者，治天下之大用也。

——《程氏易傳·噬嗑傳》

【译文】

大凡上至整个天下，下至于一国、一家，以至于万事，之所以有不能和协合一的，都是由于有隔阂。没有了隔阂就能相合了。大自天地，小至万物，都是由于相合才能生成。凡是不能相合的都是隔阂。如君臣、父子、亲戚、朋友之间，有离贰之心、有怨恨不协的，是由于谗邪之人在中间挑拨。消除了间隔使之相合，则互相之间全都会和合融洽了。《噬嗑卦》的道理，对治理天下作用大了。

【原文】

《大畜》之六五曰：「豶豕之牙，吉。」《傳》曰：物有總攝，事有機會。聖人操得其要，則視億兆之心猶一心，道之斯行，止之則戢，故不勞而治，其用若「豶豕之牙」也。豕，剛躁之物。若强制其牙，則用力勞而不能止。若豶去其勢，則牙雖存而剛躁自止。君子法豶豕之義，知天下之惡不可以力制也，則察其機，持其要，塞絶其本原，故不假刑法嚴峻，則惡自止也。且如止盜，民有欲心，見利則動。苟不知教，而迫於飢寒，雖刑殺日施，其能勝億兆利欲之心乎？聖人則知所以止之之道，不尚威刑而修政教，使之有農桑之業，知廉恥之道，雖賞之不竊矣。

——《程氏易傳·大畜傳》

【译文】

《大畜卦》的六五爻辞说：「豶豕之牙，吉。」程颐解释说：万物都有个总领处，事物都有一个机要关键。圣人掌握了事物的机要，在他的眼里看亿万人之心就如一心，引导着就向前走，阻止之就停息，所以天下不劳而治，其应用，就如「豶豕之牙」的道理啊。猪，是刚而暴躁的。如果想强行制服它刚利的牙，那么费力辛苦又不能制止住。如果割去它的生殖器，那么利牙虽还在，但其刚躁之性自己就会平静下来。君子取法豕之义，知道天下的暴恶不可以暴力制止，就寻察其机枢，把握其机要，塞绝其本源，所以不借助于严刑峻法，则暴恶自行止息。比如消除盗窃，民有私欲之心，见利而动。如果不知义理之教，又为饥寒所迫，即使官府天天施加刑罚诛杀，能抵得住亿万利欲之心吗？圣人则懂得阻止的办法，不重用威刑，而修政令教化，使人人有农桑之业，又都懂得什么是廉耻，即使奖赏他让他去盗窃他也不去。

【原文】

「解：利西南，無所往，其來復吉，有攸往，夙吉。」《傳》曰：西南，坤方，坤之體廣大平易。當天下之難方解，人始離艱苦，不可復以煩苛嚴急治之，當濟以寬大簡易，乃其宜也。既解其難而安平無事矣，是「無所往」也，則當修復治道，正紀綱，明法度，進復先代明王之治，是「來復」也，謂反正理也。自古聖王救難定亂，其始未暇遽爲也，既安定，則爲可久可繼之治。自漢以下，亂既除，則不復有爲，姑隨時維持而已，故不能成善治，蓋不知「來復」之義也。「有攸往，夙吉」，謂尚有當解之事，則早爲之乃吉也。當解而未盡者，不早去，則將復盛。事之復生者，不早爲，則將漸大。故「夙則吉」也。

——《程氏易傳·解傳》

【译文】

《周易·解卦》的卦辞说：「解：利西南，无所往，其来复吉，有攸往，夙吉。」程颐解释说：西南方，是象征大地的坤方，坤体广大平易。当天下大难刚刚解除之时，人们刚从艰苦中解脱出来，不能再用烦政苛法严加治理，应当以宽大简易之政加以调节，这才是合宜的。险难解除以后就平安无事了，这就是「无所往」，这时应该修复治平之道，正纪纲，明法度，恢复古代明王的清明政治，这就是「来复」，说的是要回归正理呀。自古圣王救难定乱，刚开始顾不上一下子就去做这恢复治道的工作，安定以后就可以去进行可以长久延续的治理了。汉代以下，乱除以后，就不再有所作为，只是随时维持而已，故不可能成就大治，原因是不懂得「来复」之义呀。「有攸往，夙吉」，是说还有应当消除的事，则早一点做了才吉利。应当解除而没有彻底解除的，不早一点消去，就会再度发展起来直到强盛。那些重新出现的问题，不早一点解决，就会渐渐积大。所以说「夙则吉」。

【原文】

夫有物必有則。父止於慈，子止於孝，君止於仁，臣止於敬。萬物庶事，莫不各有其所。得其所則安，失其所則悖。聖人所以能使天下順治，非能爲物作則也，惟止之各於其所而已。

——《程氏易傳·艮傳》

【译文】

有一物必然有一物的法则。如做父亲就止于慈，做儿子就止于孝，做人君就止于仁，做臣下就止于敬。以此推广到万物万事，莫不各自有其所当止之所。事物能够止于当止之所就安定，不能止于当止之所就悖乱。圣人之所以能够顺物之情而使天下治理，不是能为事物订立一个法则，只不过是让事物各自止于当止之所罢了。

【原文】

《兑》，説而能貞，是以上順天理，下應人心，説道之至正至善者也。若夫「違道以干百姓之譽」者，苟説之道，違道不順天，干譽非應人，苟取一時之説耳，非君子之正道。君子之道，其説於民如天地之施，感之於心而説服無斁。

——《程氏易傳·兑傳》

【译文】

《兑卦》，能以正道取悦人，这是上顺天理，下应人心，是至正至善的取悦人的方法。至于「那违背正道而去求得百姓赞誉」的人，那是苟且取悦之道，它违背正道所以不顺天，它有意求得赞誉所以不应人心，只不过苟且讨得人们一时的喜欢罢了，这不是君子的正道。君子之道，其取悦于万民，就如天地施恩于万物，感动其内心因而悦服而不会厌弃。

【原文】

天下之事，不進則退，無一定之理。濟之終，不進而止矣，無常止也，衰亂至矣。蓋其道已窮極也。聖人至此奈何？曰：唯聖人爲能通其變於未窮，不使至於極也，堯、舜是也，故有終而無亂。

——《程氏易傳·既濟傳》

【译文】

天下之事，不进则退，没有定于一处的道理。《既济》卦到最后一爻，不能前进就停止了，但没有永久的停止，停止后接着衰乱就到来了。这是因为治天下之道已经用尽了。圣人到这时又能怎么办呢？回答是：只有圣人能够在未到穷极之时而能通达其变化，不使之走向穷极，尧、舜就是这样，所以他能使天下有终治而无衰乱。

【原文】

爲民立君，所以養之也；養民之道，在愛其力。民力足，則生養遂；生養遂，則教化行而風俗美。故爲政以民力爲重也。《春秋》凡用民力必

書。其所興作，不時害義，固爲罪也。雖時且義必書，見勞民爲重事也。後之人君知此義，則知慎重於用民力矣。然有用民力之大而不書者，爲教之意深矣。僖公修泮宮，復閟宮，非不用民力也，然而不書。二者復古興廢之大事，爲國之先務，如是而用民力，乃所當用也。人君知此義，知爲政之先後輕重矣。

——《程氏經説·春秋傳》

【译文】

为民众设立一个君主，目的是要他养民。养民的办法，在于爱护民力。民力充足了，那么生息养育才能实现；能够生息养育，就能使教化流行而风俗善美。所以治国要以民力为重。《春秋》一书凡动用民力之事一定记载。其所兴建的事项，违背了农时而害于道义，固然是罪恶。即使是合时合义的也一定要记载，以显示劳动民力是重大的事情啊。后代的君主懂得了《春秋》这项意义，也就懂得了慎重对待使用民力了。然而《春秋》中也有动用民力很大却没有记载的，这其中教导后人之意是深刻的。如僖公修泮宫、复閟宫，并非没有动用民力，然而不作记载。因为这两件事是复古兴废的大事，是国事的优先之务，如此使用民力，乃是应当使用的。国君懂得这一意义，就懂得了治理政事的先后轻重了。

【原文】

治身齊家以至平天下者，治之道也。建立治綱，分正百職，順天時以制事，至於創制立度盡天下之事者，治之法也。聖人治天下之道，唯此二端而已。

——《程氏經説·書解》

【译文】

修养自身、齐一家政，以至于平治天下，这是治政的大道。建立治法纪纲，划分并摆正百官的职责，顺应天时以裁断处理事务，以至于创立制度以穷尽天下之事，这是治政的具体方法。圣人治理天下的方法途径，只有这两个方面而已。

【原文】

明道先生曰：先王之世以道治天下，後世只是以法把持天下。

——《二程遺書》卷一

【译文】

程颢说：前代圣王之世是以仁义之道治理天下，后世只是用法令控制天下。

【原文】

爲政須要有紀綱文章，先有司，鄉官讀法，平價，謹權量，皆不可闕也。人各親其親，然後能不獨親其親。仲弓曰：「焉知賢才而舉之？」子曰：「舉爾所知。爾所不知，人其舍諸？」便見仲弓與聖人用心之大小。推

此義，則一心可以喪邦，一心可以興邦，只在公私之間爾。

——《二程遺書》卷十一

【译文】

治理政事需要有大纪大纲，又需要具体的礼乐制度，比如率先垂范做好下属的表率，乡官读法，平抑物价，慎重审查度量衡等，都是不可缺少的事。人各自亲敬自己的父母，然后就能使天下人各自都不单单亲敬自己的父母。仲弓曾问孔子：「怎么能够了解天下的贤才而举荐他们呢？」孔子说：「你只举荐你了解的。你不了解的，难道别人就会舍弃吗？」从这问答，就可以看出仲弓与圣人用心大小的区别。推广这种用心大小的不同，那么用心之小者发展下去，此心可以亡国，用心之大者扩展开去，此心可以兴邦，这两种用心的不同，只在于公心与私心的差别。

【原文】

治道亦有從本而言，亦有從事而言。從本而言，惟是格君心之非。「正心以正朝廷，正朝廷以正百官。」若從事而言，不救則已，若須救之，則須變。大變則大益，小變則小益。

——《二程遺書》卷十五

【译文】

程颐说：治国之道也有从根本上说的，也有从行事上说的。从根本上说，治国只是纠正君心之非。「端正君心以端正朝廷，端正朝廷以端正百官。」从行事上说，不救时弊则已，若要救弊，必须变革。大变就大益，小变就小益。

【原文】

唐有天下，雖號治平，然亦有夷狄之風。三綱不正，無君臣、父子、夫婦，其原始於太宗也。故其後世子弟皆不可使，君不君，臣不臣，故藩鎮不賓，權臣跋扈，陵夷有五代之亂。漢之治過於唐。漢大綱正，唐萬目舉。本朝大綱正，萬目亦未盡舉。

——《二程遺書》卷十八

【译文】

唐朝据有天下，虽然号称治平，但却仍有夷狄之风。三纲不正，没有君臣、父子、夫妇之常道，其根源来自于唐太宗。所以唐的后世子孙，都不能使遣，君不像君，臣不像臣，所以藩镇不宾服，权臣跋扈，风俗颓败以至于形成五代之乱。汉代之治超过唐。汉代大纲正，唐朝万目举。至于宋朝，大纲正，万目也未能尽举。

【原文】

教人者，養其善心而惡自消；治民者，導之敬讓而爭自息。

——《二程外書》卷十一

【译文】

教化人的办法是，培养人的善心则其恶自然消除；治理人民的办法是，引导大家相敬相让则争斗自会平息。

【原文】

明道先生曰：必有《關雎》、《麟趾》之意，然後可行《周官》之法度。——《二程外書》卷十二

【译文】

程颢说：一定要有《关雎》、《麟趾》诗中表现出的德化之意，然后才能实行《周礼》六官所记载的法度。

【原文】

「君仁莫不仁，君義莫不義。」天下之治亂，繫乎人君仁不仁耳。離是而非則生於其心，必害於其政，豈待乎作之於外哉！昔者孟子三見齊王而不言事，門人疑之，孟子曰：「我先攻其邪心。」心既正，然後天下之事可從而理也。夫政事之失，用人之非，知者能更之，直者能諫之。然非心存焉，則一事之失，救而正之，後之失者，將不勝救矣。格其非心，使無不正，非大人其孰能之？——《二程外書》卷六

【译文】

「君主行仁就没人不仁，君主行义就没人不义。」天下的治乱，取决于君主的仁或不仁。君主之心一离开是那么非就在其心中产生，有此一念非心就定会危害政事，哪里还要等这非邪表现成为外在的行为才算害政呢？过去孟子三次见齐宣王都不言事，门人疑惑，孟子说：「我先攻除他的邪心。」君心正了，然后天下事也就可以从而治理了。政事的失误，用人的错误，聪明人能加以更正，正直的人能够谏阻，但如果君主存心不正，那么一事的失误，加以挽救纠正，后边接着而来的失误，将救不胜救了。纠正君主的非邪不正之心，使之无所不正，除非圣人谁能做到？

【原文】

横渠先生曰：道千乘之國，不及禮樂刑政，而云「節用而愛人，使民以時」。言能如是則法行，不能如是則法不徒行。禮樂刑政，亦制數而已矣。——張載《正蒙·有司》

【译文】

张载说：孔子谈到治理一个具有千辆战车的国家时，没有谈到礼乐刑政，而是说「节省用度，爱护人民，役使百姓要遵循农时」。说的意思是能如此法令就能推行，不如此则仅仅有法令条文（没有仁德之人）便不能推行。不能实行的礼乐刑法政令，那只不过是写成的条款而已。

【原文】

法立而能守，則德可久，業可大。鄭聲佞人，能使爲邦者喪所以守，故放、遠之。

——張載《正蒙·三十》

【译文】

法令设立了并能够守持，那么德行就能保持长久，事业就能弘扬光大。淫靡的郑国音乐，巧言面谀的小人，能使治国的人丧失他的操守，所以要抛弃它，要远离他。

【原文】

橫渠先生《答范巽之書》曰：朝廷以道學、政術爲二事，此正自古之可憂者。巽之謂孔孟可作，將推其所得而施諸天下邪？將以其所不爲而強施之於天下歟？大都君相以父母天下爲王道，不能推父母之心於百姓，謂之王道可乎？所謂父母之心，非徒見於言，必須視四海之民如己之子。設使四海之內皆爲己之子，則講治之術，必不爲秦漢之少恩，必不爲五伯之假名。巽之爲朝廷言，「人不足與適，政不足與間」，能使吾君愛天下之人如赤子，則治德必日新，人之進者必良士，帝王之道，不必改途而成。學與政不殊心而得矣。

——張載《橫渠文集·答范巽之書》

【译文】

张载《答范巽之书》中说：朝廷把道学、政术当做两回事，这正是自古以来可忧虑的事。假设孔孟能够复生，你认为他们将会把自己的学术推广于天下呢？还是把他们没有研究过的东西即所谓道学以外的东西勉强推行于天下呢？君主宰相们总把像父母一样对待天下之民称为王道，如果不能把父母的慈爱之心推广到百姓身上，那么能够称作王道吗？所谓父母之心，不是只表现在口头上，必须视四海之民如自己的孩子。假设四海之内都是自己的孩子，那么，他讲究的治国之术，肯定不会像秦汉之政那样缺少恩德，肯定不会像春秋五霸那样假借仁义之名。你如果为朝廷考虑，「既不必指责朝廷用人不当，也不必去非议他们行政的失误」，能够引导国君使之爱天下之人如赤子，则其治德必日日更新，举进的人必定是良士，五帝三王之道，不必改辙易途而成。学道与政术只同一用心就可得到，明于学道即明于政术了。

卷九 制度

【原文】

濂溪先生曰：古聖王制禮法，修教化，三綱正，九疇叙，百姓大和，萬物咸若，乃作樂以宣八風之氣，以平天下之情。故樂聲淡而不傷，和而不淫，入其耳，感其心，莫不淡且和焉。淡則欲心平，和則躁心釋。優柔平中，德之盛也；天下化中，治之至也；是謂道配天地，古之極也。後世

禮法不修，政刑苛紊，縱欲敗度，下民困苦。謂古樂不足聽也，代變新聲，妖淫愁怨，導欲增悲，不能自止。故有賊君棄父，輕生敗倫，不可禁者矣。嗚呼！樂者古以平心，今以助欲；古以宣化，今以長怨。不復古禮，不變今樂，而欲至治者，遠哉！

——周敦頤《通書·樂上》

【译文】

周敦颐说：古代圣王制订礼法，修明教化，三纲正，人伦关系各得其位，百姓无不合和，万物全都和顺，于是制作了音乐来宣导八方之气，来平顺天下人之情性。所以那乐声淡而不至哀伤，和而不至随物流迁，入于人耳，感发人心，人心莫不淡泊而和顺。淡泊则私欲之心就平静了，和顺则躁动之心就消释了。优容柔顺平和得中，这是盛大的德性了；天下化于中正，治平就到顶点了；这就称作道配天地，是古代圣明的极致了。后世不修礼法，刑政苛烦而混乱，在上的放纵私欲败坏法度，使得下民困苦。他们说古乐不值得听，一代一代都变换新声，而这新声妖淫愁怨，引发人的私欲，增强人的悲怨，使欲盛悲浓达到不能自我约束的地步。所以就出现了贼害君上抛弃生父，轻生败伦，无法禁止的情形。唉！音乐这东西古人用以平静人心，今人用来助长私欲；古人用来宣布教化，今人用来助长怨忿。不恢复古礼，不改变今乐，而想走向治平，相去太远了！

【原文】

明道先生言於朝曰：治天下以正風俗、得賢才爲本。宜先禮命近侍賢儒及百執事，悉心推訪，有德業充備、足爲師表者，其次有篤志好學、材良行修者，延聘、敦遣，萃於京師，俾朝夕相與講明正學。其道必本於人倫，明乎物理。其教自小學灑掃應對以往，修其孝悌忠信，周旋禮樂，其所以誘掖激厲漸摩成就之之道，皆有節序，其要在於擇善修身，至於化成天下，自鄉人而可至於聖人之道。其學行皆中於是者爲成德。取材識明達、可進於善者，使日受其業。擇其學明德尊者，爲太學之師，次以分教天下之學。擇士入學，縣升之州，州賓興於太學，太學聚而教之，歲論其賢者能者於朝。凡選士之法，皆以性行端潔，居家孝悌，有廉恥禮遜，通明學業，曉達治道者。

——《二程文集》卷一《請修學校尊師儒取士札子》

【译文】

程颢在朝廷上说：治理天下以正风俗、得贤才为本。如何得贤才？应先给近侍、贤儒及执事百官以礼命，要他们悉心推访，凡有德业充分完备，足可为人师表的，其次有笃志好学、品才兼优的，朝廷要厚礼聘请，州县诚意遣送，把他们集中在京师，让他们从早到晚互相研究发明正学。他们的学问必然是本于人伦，明于事理。他们教人从小学的洒扫应对开始，修明孝悌忠信，

人事应酬中的礼乐等，其用以诱导、激励、浸润、砥砺后学直到成就其德业的方法，都有一个顺序，其大要在于教人择善修身，推而广之至于化成天下，如此从一个普通的人进进不已可以走上成为圣人之道。其中那些学业品行都符合以上要求的就叫做成德。选取那些材识明达，可以达到善性的人，让他们天天在这里学习。而选取那些学业大明、德义可尊的大儒，作为太学的师长，学问德义次于这些人的，让他们分别去教授天下的各级学校。选择好的士人入学学习，从县学升到州学，州学再荐举到太学，太学集合起这些人来教育，每年都在朝廷上议论太学中谁贤谁能。凡选士，都要选取品性行为端洁，在家孝悌，有廉耻知礼让，通明学业，晓达治国之道的人。

【原文】

明道先生論十事：一曰師傅，二曰六官，三曰經界，四曰鄉黨，五曰貢士，六曰兵役，七曰民食，八曰四民，九曰山澤，十曰分數。其言曰：無古今，無治亂，如生民之理有窮，則聖王之法可改。後世能盡其道則大治，或用其偏則小康。此歷代彰灼著明之效也。苟或徒知泥古而不能施之於今，姑欲徇名而遂廢其實，此則陋儒之見，何足以論治道哉！然儻謂今人之情，皆已異於古，先王之跡，不可復於今，趣便目前，不務高遠，則亦恐非大有爲之論，而未足以濟當今之極弊也。

——《二程文集》卷一《論十事札子》

【译文】

程颢论十事：一师傅，二六官，三经界，四乡党，五贡士，六兵役，七民食，八四民，九山泽，十分数。他说：不论古今，无论治世乱世，凡是治国之道在生养教育人民上行不通时，那么这圣王之法也就应改革了。后世能极尽这因时变易的圣道就能大治，或者仅能用其一偏则小安。这是被历代治国实践检验过而彰明有效的。如果有人只知道拘泥于古法而不能因时制宜而施行于今天，如果只追求虚名而废弃了精神实质，这是陋儒的见解，不值得去和他讨论治国之道！但如果说今天的人情，已经与古时全异，如果说先王的治迹，已经不可能出现于今世，只追求眼前的便利，而不追求高远的目标，那恐怕也不是大有作为的论调，也不能够解救当今之世大的弊痼。

【原文】

伊川先生上疏曰：三代之時，人君必有師、傅、保之官。師，道之教訓；傅，傅之德義；保，保其身體。後世作事無本，知求治而不知正君，知規過而不知養德。傅德義之道，固已疏矣；保身體之法，復無聞焉。臣以爲傅德義者，在乎防見聞之非，節嗜好之過；保身體者，在乎適起居之宜，存畏慎之心。今既不設保、傅之官，則此責皆在經筵，欲乞皇帝在宫中，言動服食，皆使經筵官知之。有剪桐之戲，則隨事箴規；違持養之方，則應時諫止。

——《二程文集》卷六《論經筵第二札子》

【译文】

程颐上疏说：上古三代之时，人君必有师、傅、保等官在身边。师，是开导教训君主的；傅，是辅佐君主之德义的；保，是保护君主身体的。后世做事不作根本之计，知道追求治平却不知规正君心，知道规劝君主之过而不知培养其德性。辅佐君主德义的做法，固然已经荒疏不用了；保护国君身体的方法，也没有听人谈起过。我以为辅佐君主德义的方法，就在于防止君主耳闻目见非礼之事，节制君主的嗜好不使过度；保护身体的方法，则在于日常生活都要适宜而不过分满足欲望，存有畏惧戒慎之心。今天既然不设保、傅之官，则这一职责都应落在经筵官身上了，我想请求皇帝在宫中的一言一动，衣服饮食，都让经筵官了解。凡政事方面有不当之言行，就随事箴规；生活方面有违背持身养生之方的，则及时劝阻。

【原文】

伊川先生《看詳三學條制》云：舊制，公私試補，蓋無虚月。學校，禮義相先之地，而月使之爭，殊非教養之道。請改試爲課，有所未至，則學官召而教之，更不考定高下。制尊賢堂，以延天下道德之士，及置待賓、吏師齋，立檢察士人行檢等法。又云：自元豐後設利誘之法，增國學解額至五百人，來者奔湊，捨父母之養，忘骨肉之愛，往來道路，旅寓他土。人心日偷，士風日薄。今欲量留一百人，餘四百人，分在州郡解額窄處，自然士人各安鄉土，養其孝愛之心，息其奔趨流浪之志，風俗亦當稍厚。又云：三舍升補之法，皆案文責跡。有司之事，非庠序育材論秀之道。蓋朝廷授法，必達乎下。長官守法而不得有爲，是以事成於下，而下得以制其上。此後世所以不治也。或曰：「長貳得人則善矣。或非其人，不若防閑詳密，可循守也。」殊不知先王制法，待人而行，未聞立不得人之法也。苟長貳非人，不知教育之道，徒守虚文密法，果足以成人才乎？

——《二程文集》卷七

【译文】

程颐《看详三学条制》说：按现行的旧制度，太学生员参加公试和私试以升补，每个月都要考试。学校是以礼义相推让之地，而每一月都让他们去竞争，大大违背教养之道。请改考试为检验考查，发现学得不好的地方，学官召集生员教一教，并且不再排定名次高低。设置尊贤堂，延请天下有道德可做生员榜样的人居之，以及设置待宾斋、吏师斋，建立检查太学中士人品行操守的制度。又说：从元丰年间以来，太学设立了以利益引诱生员的办法，太学解送应省试的名额由原来的一百人增加到五百人，从全国来的人都奔赴凑集于太学，舍弃父母之养，忘却骨肉之爱，在路途上奔波，旅居于他乡，以追名求利，使得人心日益苟且，士风日益菲薄。现在打算留一百人，其余四百个名额，分配在解送名额少的州郡，如此士人自然各安居于乡里，培养他们

孝爱之心，平息他们奔趋流浪之心，风俗也能渐渐淳厚。又说：三舍升补之法，都是仅依文卷考察人的实绩。这是官府办事的方法，不符合学校育人选士之道。朝廷授予法令，必然贯彻到下层。长官守着法令条文而不能有所作为，所以事情在下边做成了，下边的人都能挟制上边的人。这就是后世之所以不能治平的原因呀。所以太学生员升补之权，应由太学长官及副职专掌。有人说：「这样做，长官副职任用得合适自然是好了，或许长官副职用了不合适的人，品行或才识不高，那就不如防范得严密些，还是由下而上推选的办法有规可守。」殊不知先王立法，必有合适的人才能实行，没有听说过为不适合执法的人立的法制。如果长官及其副职不是合适的人，不懂得教育之道，只是空守着法令条文，真的就能够培养出人才吗？

【原文】

《明道先生行狀》云：先生爲澤州晉城令，民以事至邑者，必告之以孝悌忠信，入所以事父兄，出所以事長上。度鄉村遠近爲伍保，使之力役相勸，患難相恤，而奸僞無所容。凡孤煢殘廢者，責之親戚鄉黨，使無失所。行旅出於其途者，疾病皆有所養。諸鄉皆有校，暇時親至，召父老與之語。兒童所讀書，親爲正句讀。教者不善，則爲易置。擇子弟之秀者聚而教之。鄉民爲社會，爲立科條，旌別善惡，使有勸有恥。

——《二程文集》卷十一

【译文】

程颐《明道先生行状》中说：程颢做泽州晋城令时，百姓因事到城中去的，程颢见到他们，一定要用孝悌忠信告诫他们，让他们懂得在家应该如何对待父亲兄长，出外应该如何对待上级长官。估量乡村之间的距离分别组成伍保，让他们有出力服役的事就互相勉励，有患难就互相救助，奸诈的人就无处容身。凡是孤独和残废的，要他的亲族和乡里负责，不能让他们流离失所。行路的人从其境内经过，凡有大病小痛都能有所奉养。各乡都建有义学，程颢先生在闲暇的时候亲自到这些学校去，召来当地的父老交谈。儿童所读的书，亲自为他们订正断句。老师不称职，就为他们另行配备。选择子弟中的优秀者，集中起来加以教育。乡民们组织社团，程颢给他们订立约规制度，以分别善恶，使他们都有上进之心和羞耻之心。

【原文】

《萃》，「王假，有廟」。《傳》曰：羣生至衆也，而可一其歸仰；人心莫知其鄉也，而能致其誠敬；鬼神之不可度也，而能致其來格。天下萃合人心、總攝衆志之道非一，其至大莫過於宗廟，故王者萃天下之道至於有廟，則萃道之至也。祭祀之報，本於人心，聖人制禮以成其德耳。故豺獺能祭，其性然也。

——《程氏易傳·萃傳》

【译文】

《周易·萃卦》卦辞说：《萃》，「王来到宗庙里」。程颐解释说：天下众生是极多的，祭祀却能够统一他们的信仰；人心来去无定无法把握其去向，而祭祀却能使其诚敬；鬼神幽微难以测度，而祭祀却能使其到来。天下聚合人心、统摄众志的方法不一而足，其中最重要的莫过于通过宗庙，所以帝王们聚合人心的办法也就到极致了。祭祀中报先人之本的思想，根源于人的内心，圣人制定祭祀的礼节条文不过借以成就人们这种报本之德罢了。所以像豺、水獭都能祭祀，是它们的本性使它们这样做的。

【原文】

古者戍役，再期而還。今年春暮行，明年夏代者至，復留備秋，至過十一月而歸。又明年中春遣次戍者。每秋與冬初，兩番戍者皆在疆圉，乃今之防秋也。

——《程氏經說·詩解》

【译文】

古代戍边服兵役，两周年返回。比如今年三月出行，明年夏季代替的人到，这时被替换的并不立即回来，又留下来备秋，到过了十一月才回来。又到明年二月遣发下一拨戍边的人。每年的秋天与冬初，两拨戍边的人都在边疆，这就是今天说的防秋呀。

【原文】

聖人無一事不順天時，故至日閉關。

——《二程外書》卷三

【译文】

圣人没有一件事不顺应天时的，所以到冬至这一天就关闭路上的关门。

【原文】

韓信多多益辦，只是分數明。

——《二程遺書》卷七

【译文】

韩信带兵越多越能治理，其原因只是每人的职分与限数都十分明确。

【原文】

伊川先生曰：管轄人亦須有法，徒嚴不濟事。今帥千人，能使千人依時及節得飯吃，只如此者亦能有幾人？嘗謂軍中夜驚，亞夫堅卧不起。不起善矣，然猶夜驚何也？亦是未盡善。

——《二程遺書》卷十

【译文】

程颐说：管理统领人也要有法度，只依靠禁令严不能成事。当今统帅千人，要使这一千人都能按时吃饭，仅仅能做到这一点的能有几人？我曾说过，周亚夫善于统兵，军中夜惊，他作为主将硬是躺着不起来。仓促中能镇定不起是很好了，然而为什么会夜惊呢？仍是他统军未能

做到尽善。

【原文】

管攝天下人心，收宗族，厚風俗，使人不忘本，須是明譜系，收世族，立宗子法。——《二程遺書》卷六

【译文】

要统摄天下人心，收宗族亲爱之情，使风俗淳厚，使人不忘自身血统承传的本源，就应修明谱牒辨明系派，收系世代族氏之人，立起宗子之法。

【原文】

宗子法壞，則人不自知來處，以至流轉四方，往往親未絶不相識。今且試以一二巨公之家行之，其術要得拘守得，須是且如唐時立廟院，仍不得分割了祖業，使一人主之。——《二程遺書》卷十五

【译文】

宗子之法废坏，则人不知道自身宗派从何处沿袭而来，以至于人迁移于各地，常常是亲缘未断，人已不相识。现在应先在一两个显贵大人之家试行宗子法，实行这一办法的关键在于能够拘束坚守得定，而要拘束坚守得定，就应该像唐朝时一样建立家庙斋院，并且不得分割祖业，从族中选一人来主管这份产业。

【原文】

凡人家法，須月爲一會以合族。古人有花樹韋家宗會法，可取也。每有族人遠來，亦一爲之。吉凶嫁娶之類，更須相與爲禮，使骨肉之意常相通。骨肉日疏者，只爲不相見，情不相接爾。——《二程遺書》卷一

【译文】

大凡人们管理家族的礼法，应该每月一次聚会以聚合本族人心人情。古代有花树韦家宗会法，可以采取。每当有族中人从远方来，就聚会一次。族中有吉凶嫁娶之类的事，更应该在一起举行典礼，使骨肉之意常常相通。骨肉之亲之所以日益疏远，只是由于互不相见，情感不相接交罢了。

【原文】

冠婚喪祭，禮之大者，今人都不理會。豺獺皆知報本，今士大夫家多忽此，厚於奉養而薄於先祖，甚不可也。某嘗修六禮，大略家必有廟，廟必有主，月朔必薦新，時祭用仲月，冬至祭始祖，立春祭先祖，季秋祭禰，忌日遷主祭於正寢。凡事死之禮，當厚於奉生者。人家能存得此等事數件，雖幼者可使漸知禮義。——《二程遺書》卷十八

【译文】

冠礼、婚礼、丧礼、祭礼，这些是礼中最重要的，今人都不在意。豺和水獭这些动物还知道祭祀以报本，今天士大夫之家大多忽视这些，对自身的奉养丰厚，对于先祖却很菲薄，很是不应该的。我曾经修了六礼，大略是说一家一定要有家庙，庙里一定要有神主，月朔必荐新，四时之祭在每季的第二个月，冬至祭始祖，立春祭先祖，九月祭祀父亲之庙，逝世纪念日这天要把神主移到家中正寝祭祀。凡是事奉已死者的礼节，应该比奉养活着的人丰厚。一家人如果能保持住以上几件事，即使是孩子也可以使他渐渐地懂得礼义。

【原文】

卜其宅兆，卜其地之美恶也。地美则神靈安，其子孫盛。然則曷謂地之美者？土色之光潤，草木之茂盛，乃其驗也。而拘忌者或以擇地之方位，決日之吉凶，甚者不以奉先爲計，而專以利後爲慮，尤非孝子安厝之用心也。惟五患者不得不慎：須使異日不爲道路，不爲城郭，不爲溝池，不爲貴勢所奪，不爲耕犁所及。

——《二程文集》卷十《葬説》

【译文】

选择墓地，是选择土地的美与不美。土地美祖先的神灵就安，子孙也就繁衍。那么怎样才叫土地美呢？土壤色泽光润，草木生长茂盛，这就是地美的验证。然而那些拘泥于忌禁的人有的只考虑选择墓地的方位风水、抉择葬日的吉凶，更有甚者不以供奉先人为计，而专一考虑如何利于后人，这更不是孝子安置先人所应怀有的用心。只是对于五种患害不得不慎重：即要使得墓地以后不成为道路，不被城郭所占，不成为沟和池塘，不被权贵势家侵夺，不被耕犁耕着。

【原文】

正叔云：某家治喪，不用浮圖。在洛亦有一二人家化之。

——《二程遺書》卷十

【译文】

程颐说：我家治丧，不用僧徒。在洛阳也有一两家随之而化的。

【原文】

今無宗子，故朝廷無世臣。若立宗子法，則人知尊祖重本。人既重本，則朝廷之勢自尊。古者子弟從父兄，今父兄從子弟，由不知本也。且如漢高祖欲下沛時，只是以帛書與沛父老，其父兄便能率子弟從之。又如相如使蜀，亦移書責父老，然後子弟皆聽其命而從之。只有一個尊卑上下之分，然後順從而不亂也。若無法以聯屬之，安可？且立宗子法，亦是天理。譬如木，必有從根直上一榦，亦必有旁枝。又如水，雖遠必有正源，亦必有分派處，自然之勢也。然又有旁枝達而爲榦者。故曰：古者天子建

國，諸侯奪宗。

——《二程遺書》卷十八

【译文】

现在没有了宗子，所以朝廷也就没有了世臣。如果宗子法确立了，那么人都懂得要尊敬先祖重视自己的本源。人能重自身之本，也就会重天下根本的朝廷，那么朝廷的威势自然就高了。古代子弟听从父兄，现在却是父兄听从子弟，这是因为今天的人不懂得重本呀。就像汉高祖要攻下沛县时，只是把帛书射给沛中父老，沛中父兄就能率领子弟跟从高祖。又如司马相如出使到巴蜀，也是写信责备蜀中父老，然后蜀中子弟全都听从其父老之命而服从司马相如。要有一个尊卑上下的名分，然后才能顺从而不乱。如果没有一套联结相属的办法，怎么能行呢？况且立宗子之法，也是天理。如果把人的宗族比作一棵树，必定有从根上径直上去的一根主干，也必定有旁枝。又比如水，纵然流得再远也必然有个正源，也必然有分流之处，这是自然之势。但又有旁枝显达而成为主干的。所以前人说：古时候天子建国，诸侯夺宗。

【原文】

邢和叔叙明道先生事云：堯舜三代帝王之治，所以博大悠遠，上下與天地同流者，先生固已默而識之。至於興造禮樂，制度文爲，下至行師用兵，戰陣之法，無所不講，皆造其極。外之夷狄情狀，山川道路之險易，邊鄙防戍，城寨斥候，控帶之要，靡不究知。其吏事操決，文法簿書，又皆精密詳練。若先生，可謂通儒全才矣。

——《二程遺書》附録《門人朋友叙述并序》

【译文】

邢恕叙述程颢的情况说：自古尧、舜及夏、商、周三代圣帝明王之治，之所以广博浩大、悠长久远，上与天、下与地同其流通的原因，程颢先生他自然已是默契融会，记之于心了。以至于制定礼乐，制度文章，下而至于行军用兵，布阵之法，无不研究，全都达到了极致。又如外方各国的人情物状，山川道路之险易，边地防御，城寨警哨，山脉所控之地，流水系带之处等军事要害，无不穷究而详知。行政事务的操持决断，文书法令簿籍书简等务，又都精密而详练。像程颢先生，可以称作通儒全才了。

【原文】

介甫言律是八分書，是他見得。

——《二程外書》卷十

【译文】

王安石说：古代律书就像书法的八分书，应割弃二分取其八分。这是王安石他有这样的见解。

【原文】

横渠先生曰：兵謀師律，聖人不得已而用之，其術見三王方策，歷代

簡書。惟志士仁人，爲能識其遠者大者，素求預備，而不敢忽忘。

——張載《横渠文集》

【译文】

张载说：用兵的谋略和行军的法律，圣人是不得已才使用它。这些方术记载在夏、商、周三代圣王的典籍中，记载在历朝历代的书册里。只有志士仁人，才能认识到远大的谋略、远大的军律，平素精求其理预为戒备而不敢忽略遗忘。

【原文】

肉辟於今世死刑中取之，亦足寬民之死。過此當念其散之之久。

——張載《横渠文集》

【译文】

在今天死刑中选取情节较轻的用肉刑，这样也可以免除百姓一些死罪，在此以下的罪犯，处罚时都应该考虑到在上者教化无方使人心涣散得太久而不幸犯罪。

【原文】

吕與叔撰《横渠先生行狀》云：先生慨然有意三代之治。論治人先務，未始不以經界爲急。嘗曰：「仁政必自經界始。貧富不均，教養無法，雖欲言治，皆苟而已。世之病難行者，未始不以亟奪富人之田爲辭。然兹法之行，悦之者衆，苟處之有術，期以數年，不刑一人而可復，所病者特上之未行耳。」乃言曰：「縱不能行之天下，猶可驗之一鄉。」方與學者議古之法，共買田一方，畫爲數井，上不失公家之賦役，退以其私正經界，分宅里，立斂法，廣儲蓄，興學校，成禮俗，救灾恤患，敦本抑末，足以推先王之遺法，明當今之可行。此皆有志未就。

——《張子全書》卷十五吕大臨《横渠先生行狀》

【译文】

吕大临《横渠先生行状》中说：张载先生慨然有志于恢复三代之治。论治民优先应做的事，未尝不以恢复井田、正其边界为紧要，他曾说：「实仁行政，一定要从整理田界开始。如果田地边界不正，就会造成贫富不均，教化养育人民没有法度，即使高谈阔论治理，都不过是苟且度日罢了。世上担心井田难以推行的人，全都以推行井田会突然间剥夺富人的田地（担心引起社会不安定因而行不通）为借口。然而井田之法推行，喜欢的人多，如果处理的方法合宜，几年之后，不用处罚一个人而井田可复。不能推行的症结只不过是在上者不去施行。」他又说：「纵然不能推行于天下，尚可在一乡作为实验。」他打算与学者们研究古代井田之法，共同买一块地，划分为数井，聚家耕种，使得对上不失于国家的赋税差役，回到私田上就正其田界，分别宅屋里区居住，设立税收之法，增加储蓄，兴建学校，化成礼让风俗，共同救济灾患，加强农耕这一

根本，抑制杂业末技，如此足以推行前代圣王之遗法，说明井田可行之于今日。这些都是张载先生有志要做而未能成就的事。

【原文】

横渠先生爲雲巖令，政事大抵以敦本善俗爲先，每以月吉具酒食，召鄉人高年會縣庭，親爲勸酬，使人知養老事長之義。因問民疾苦，及告所以訓戒弟子之意。

——《張子全書》卷十五呂大臨《横渠先生行狀》

【译文】

吕大临《横渠先生行状》中说：张载先生做云岩县令，处理政事大抵以敦厚人伦之本、改善民风民俗为先，每逢初一这天就备办了酒食，召集乡中年老的到县庭中聚会，亲自向他们劝酒，使人们懂得养老事长的道理。借机询问民间疾苦，并告诉大家如何训诫子弟等意思。

【原文】

横渠先生曰：古者有東宮，有西宮，有南宮，有北宮，異居而同財。此禮亦可行。古人慮遠，目下雖似相疏，其實如此乃能久相親。蓋數十百口之家，自是飲食衣服難爲得一。又異宮乃容子得伸其私，所以避子之私也。子不私其父，則不成爲子。古之人曲盡人情。必也同宮，有叔父伯父，則爲子者何以獨厚於其父？爲父者又烏得而當之？父子異宮，爲命士以上，愈貴則愈嚴。故異宮，猶今世有逐位，非如異居也。

——張載《樂説》

【译文】

张载说：古代有东宫，有西宫，有南宫，有北宫，一个大家庭分别住在不同的房子（宫）里，则财产却是共有的。这种礼今天也可以实行。古人考虑得长远，这样分开居住眼下似乎是疏远了一些，其实这样才能长久相亲。因为几十上百口人的一个大家庭，自然是饮食衣服难以统一。又分开居住才能容得儿子们表达对自己父亲特有之情，用这办法使各自儿子对父亲单独尽孝能回避其叔父伯父。儿子如果不对自己的父亲偏厚，就不成其为儿子。古代的人细致入微地体会人情。如果一定要都同住在一所房子里，有叔父有伯父，则作为儿子怎么能单单对自己的父亲偏厚？作为父亲又怎么能单独占有儿子的孝心而不与兄弟共享呢？至于父子分开居住，是对有朝命为官之士的要求，可见地位越尊贵就越严格。所以说所谓异宫，就如今天兄弟们各住在一边，并不是分家各自生活。

【原文】

治天下不由井地，終無由得平。周道止是均平。

——張載《經學理窟·周禮》

【译文】

治理天下不用井田法，到底也没法达到平均。大路之所以好行也只是因为它平。

【原文】

井田卒歸於封建，乃定。

——張載《經學理窟·周禮》

【译文】

恢复井田制要一直回归到诸侯分封制，才是最终的定点。

【原文】

卷十　政　事

伊川先生上疏曰：「夫鐘，怒而擊之則武，悲而擊之則哀。」誠意之感而入也。告於人亦如是，古人所以齋戒而告君也。臣前後兩得進講，未嘗敢不宿齋預戒，潛思存誠，覬感動於上心。若使營營於職事，紛紛其思慮，待至上前，然後善其辭說，徒以頰舌感人，不亦淺乎？

——《二程文集》卷六《上太皇太后書》

【译文】

程颐上疏中说：「钟这东西，人愤怒的时候敲它声音就雄武，悲痛时敲它声音就哀怨。」这是人的真诚之意感动了钟融入钟声之中了。对人说话也是这样，所以古人要斋戒以后才去向君主进言。我曾两次得以向皇帝进讲，没有哪一次敢不在前一天加以斋戒，沉定心思，保持诚敬之意，希望自己说的话能感动皇帝之心。假如一天到晚围着所任官职的事务转，思虑纷乱，等来到皇帝面前，临时修饰自己的语言说得优美动听些，只是用口舌感动人，那样感人不太肤浅了吗？

【原文】

伊川《答人示奏稿書》云：觀公之意，專以畏亂爲主，頤欲公以愛民爲先，力言百姓飢且死，丐朝廷哀憐，因懼將爲寇亂可也。不惟告君之體當如是，事勢亦宜爾。公方求財以活人，祈之以仁愛，則當輕財而重民；懼之以利害，則將恃財以自保。古之時，得丘民則得天下。後世以兵制民，以財聚衆，聚財者能守，保民者爲迂。惟當以誠意感動，覬其有不忍之心而已。

——《二程文集》卷九《答人示奏稿書》

【译文】

程颐《答人示奏稿书》中说：看您奏稿中的意思，只以担心动乱为主，我则想要您以爱民之意为重，极力向皇帝说明百姓快要饿死了，乞求朝廷同情怜悯，由此再说明担心民众因穷困而为盗寇作乱，这样写是可以的。不仅上告国君的话如此说才合体，事之情势也应该如此说。您正在乞求财物以救人，以仁爱之心向皇帝请示，皇帝就会轻财而重民；如果以利害祸乱引起他的警惧，皇帝就会依仗财物以自保。古时候得到民众拥护就得到天下。后世用军队挟制民众，

以财物招集军队，聚敛财物的能够自己守护，安抚民众的被视为迂腐。我们只应该用诚意感动君上，希望他有仁爱之心而已。

【原文】

明道爲邑，及民之事，多衆人所謂法所拘者，然爲之未嘗大戾於法，衆亦不甚駭。謂之得伸其志則不可，求小補，則過今之爲政者遠矣。人雖異之，不至指爲狂也。至謂之狂，則大駭矣。盡誠爲之，不容而後去，又何嫌乎？

——《二程文集》卷九《答呂進伯簡三》

【译文】

程颐曾说：程颢做地方官，涉及民众的事，程颢的做法大多是一般人认为限于法令而不能做的，然而程颢做的从未对法令有多大违背，也没有引起民众多大惊骇。说是实现了他的志愿是谈不上的，求得少有补益，那么已远远超过今天执政的人了。人们虽感到有些奇异，但不至于指其为狂怪。到了称作狂的地步，就会引起大的惊骇了。竭尽诚意做你认为应该做的事，不能为世所容就离去，又有什么疑惑呢？

【原文】

明道先生曰：一命之士，苟存心於愛物，於人必有所濟。

——《二程文集》卷十一《明道先生行狀》

【译文】

程颢说：即使是职位最低的官员，只要以仁民爱物为心，就一定能对人民有所帮助。

【原文】

伊川先生曰：君子觀天水違行之象，知人情有爭訟之道。故凡所作事，必謀其始，絶訟端於事之始，則訟無由生矣。謀始之義廣矣，若慎交結、明契券之類是也。

——《程氏易傳·訟傳》

【译文】

程颐说：君子看到水与天相背而行的卦象，就明白人情会发生争讼的道理。所以凡做事，一定在开始时周密思考，在一开始就杜绝争讼的隐患，那么争讼也就不能发生了。谋虑于开始的含义是广泛的，如慎于人事交结、经济往来中文书契约要分明之类都是。

【原文】

《師》之九二，爲師之主。恃專則失爲下之道，不專則無成功之理，故得中爲吉。凡師之道，威和並至則吉也。

——《程氏易傳·師傳》

【译文】

《师卦》的九二爻，象征军队的主帅。倚仗可以专权便肆意而行，对于君主来说就失去了在下者之道，不专权行事就没有成功之理。所以做到中道为吉利。大凡治军之道，威势与和顺并

用，刚柔相济就吉利。

【原文】

世儒有論魯祀周公以天子禮樂，以爲周公能爲人臣不能爲之功，則可用人臣不得用之禮樂。是不知人臣之道也。夫居周公之位，則爲周公之事。由其位而能爲者，皆所當爲也。周公乃盡其職耳。

——《程氏易傳·師傳》

【译文】

俗儒有评论鲁国用天子之礼乐祭祀周公这事，认为周公能立人臣所做不到的功勋，就可以用人臣所不得用的礼乐。说这话是不懂得做人臣的道理。周公既然居于周公的职位，就该做这个职位上的事。在这个职位上能够做的事，都是应该做的。周公只不过是尽其职分而已。

【原文】

《大有》之九三曰：「公用亨於天子，小人弗克。」《傳》曰：三當大有之時，居諸侯之位，有其富盛，必用亨通於天子，謂以其有爲天子之有也，乃人臣之常義也。若小人處之，則專其富有以爲私，不知公己奉上之道，故曰「小人弗克」也。

——《程氏易傳·大有傳》

【译文】

《大有卦》的九三爻说：「公侯用其所有以享天子，小人做不到。」程颐解释说：九三这一爻在富有之时，居于诸侯的位置上，拥有他的富裕丰盛，必然用来给天子享用以通于天子，认为自己所有的就是天子所有的，一切属于天子，这是做臣子的永恒的道理。如果是小人对待这样的事，就独占这富有作为个人私财，不懂得以己之有为公有，公己之有以供奉天子的道理，所以说「小人不能够」呀。

【原文】

人心所從，多所親愛者也。常人之情，愛之則見其是，惡之則見其非。故妻孥之言，雖失而多從；所憎之言，雖善爲惡也。苟以親愛而隨之，則是私情所與，豈合正理？故《隨》之初九：「出門而交，則有功也。」

——《程氏易傳·隨傳》

【译文】

人心所信从的，多是自己亲爱的人。常人之情，爱一个人就只看到他的好处，厌恶一个人就只看到他的错处。所以妻子儿女的话，纵然说错了也大多听从；其所憎恶的人的话，即使是善的也认为是恶。如果因为亲爱谁就随从谁，那是按自己的私情去交与，怎能合于正理呢？所以《随卦》的初九爻说：出门而交，就会有功。

【原文】

《隨》九五之《象》曰：「孚於嘉，吉，位正中也。」《傳》曰：隨以得中爲善，隨之所防者過也。蓋心所説隨，則不知其過矣。

——《程氏易傳·隨傳》

【译文】

《随卦》九五爻的《象辞》说：「善与善以诚信相应，吉，是因为相应的双方位置都既中又正。」程颐解释说：选择你要追随的人以得中为善，追随中所要防止的是追随错了人。因为如果心中喜欢谁就去追随，那就不能发现错误。

【原文】

《坎》之六四曰：「樽酒簋貳，用缶，納約自牖，終無咎。」《傳》曰：此言人臣以忠信善道結於君心，必自其所明處乃能入也。人心有所蔽，有所通，通者明處也，當就其明處而告之，求信則易也，故曰：「納約自牖。」能如是，則雖艱險之時，終得無咎也。且如君心蔽於荒樂，唯其蔽也，故爾雖力詆其荒樂之非，如其不省何？必於所不蔽之事推而及之，則能悟其心矣。自古能諫其君者，未有不因其所明者也。故訐直強勁者，率多取忤；而溫厚明辨者，其説多行。非唯告於君者如此，爲教者亦然。夫教必就人之所長，所長者，心之所明也。從其心之所明而入，然後推及其餘，孟子所謂「成德」、「達財」是也。

——《程氏易傳·坎傳》

【译文】

《坎卦》的六四爻辞说：「一樽酒两簋食，用瓦缶盛了，从窗户里送进这俭朴的食品，最终不会有灾难。」程颐解释说：这是说臣下用忠信善道结君心，一定要从他明达的地方才能深入其心中。人心都有蔽塞的地方，有通达的地方，通达的地方就是明处，应该从他明白的地方告诉他，求得他的听信就容易，所以说：「纳约自牖。」能如此，则即使处于艰险之时，最终也得以没有灾祸。比如君心被荒游逸乐所蔽塞，正因为他被蔽塞着，所以即使极力指责荒游逸乐的不对，怎奈他不省悟呢？一定要从他明白的地方进言而推广到他不明白的地方，就能使他的心醒悟了。自古以来善于谏戒其君主的人，没有不是借助于其明白的地方引入的。所以那些直言强硬的人，大多忤逆君意；而温厚明辨的人，其意见大多能够实行。不仅进谏国君应该如此，教导人也是这样。教人一定要借助于他自身的长处使之发扬开去，所长之处，就是心中明达之处呀。从他心中明达之处入手，然后推广到其他方面，这就是孟子说的「成德」和「达材」呀。

【原文】

《恆》之初六曰：「浚恆，貞凶。」《象》曰：「浚恆之凶，始求深也。」《傳》曰：初六居下，而四爲正應。四以剛居高，又爲二、三所隔，應初之

志，異乎常矣。而初乃求望之深，是知常而不知變也。世之責望故素而至悔咎者，皆「浚恒」者也。

——《程氏易傳·恆傳》

【译文】

《恒卦》的初六爻辞说：「浚恒，贞凶。」《象辞》说：「浚恒之所以凶，是因为先前要求得太多了。」程颐解释说：初六爻处在下位，与九四爻为正应。九四爻以其刚阳之性居在高位，又被九二、九三两爻阻隔了与初六爻的相应，所以它与初六爻相应的志趣，已经不同于正常的相应之理了。而初六爻对九四爻的要求和希望却很深切，这是懂得常理而不懂权变呀。世上对故旧素交要求过于深切而导致交情破裂终至后悔取咎的人，全都属于「浚恒」啊。

【原文】

《遯》之九三曰：「係遯，有疾厲，畜臣妾，吉。」《傳》曰：係戀之私恩，懷小人女子之道也，故以畜養臣妾則吉。然君子之待小人，亦不如是也。

——《程氏易傳·遯傳》

【译文】

《遯卦》的九三爻辞说：「系眷恋牵累了退隐，就像有疾病，用这系恋的方法对待仆人侍妾，吉利。」程颐解释说：牵挂眷恋这种小的恩德，是使小人女子怀念你的办法，所以用这办法去养仆人侍妾则吉利。但是君子对待小人，也不这样做。

【原文】

《睽》之《象》曰：「君子以同而異。」《傳》曰：聖賢之處世，在人理之常，莫不大同。於世俗所同者，則有時而獨異。不能大同者，亂常拂理之人也；不能獨異者，隨俗習非之人也。要在同而能異耳。

——《程氏易傳·睽傳》

【译文】

《睽卦》的《象辞》说：「君子处世同而有异。」程颐解释说：圣贤处世，在人的常理方面，莫不与人尽同。对世俗所共同追求的东西，则有时独异。不能在常理方面与人大同的人，是违背常道忤逆常理的人；不能特立独行的人，是随俗俯仰习惯于为非的人。关键在于能大同又能保持独异。

【原文】

《睽》之初九：當睽之時，雖同德者相與，然小人乖異者至衆，若棄絶之，不幾盡天下以仇君子乎？如此則失含弘之義，致凶咎之道也，又安能化不善而使之合乎？故必見惡人則無咎也。古之聖王，所以能化姦凶爲善良，革仇敵爲臣民者，由弗絶也。

——《程氏易傳·睽傳》

【译文】

《睽卦》的初九爻：当人们背离的情形下，尽管有同心同德的人与你相交，但小人怪异不与你相合的却很多，如果因为他们是小人而拒绝与之相交，那不几乎是整个天下的人都来仇恨君子吗？这样做就失去了涵容宽宏之量，是招致凶险灾祸的做法呀，又怎么能感化恶人使他们与你相合呢？所以一定要做到与恶人相见也没有什么凶险啊。古代的圣王，之所以能化奸凶为善良，改造仇敌使之成为臣民，就是由于不拒绝他们。

【原文】

《睽》之九二：當睽之時，君心未合，賢臣在下，竭力盡誠，期使之信合而已。至誠以感動之，盡力以扶持之，明義理以致其知，杜蔽惑以誠其意，如是宛轉以求其合也。「遇」非枉道逢迎也，「巷」非邪僻由徑也。故《象》曰：「遇主於巷，未失道也。」

——《程氏易傳·睽傳》

【译文】

《睽卦》的九二爻：当背离之时，君主之心未能与我相合，贤臣处在下位，就要竭其辅佐之力，尽其忠诚之心，以期使国君信任而与我相合而已。用至诚去感动国君，竭尽全力去扶持国君，讲明义理以使国君获得明智，杜绝蔽塞惑乱君心的东西以使国君诚意，如此宛转委曲以求国君与我相合。这一爻的《象辞》上说的「遇」，就不是专门绕了弯去逢迎，「巷」就不是邪僻的小道。所以《象辞》说：「遇君于巷，没有失去为臣之道。」

【原文】

《損》之九二曰：「弗損益之。」《傳》曰：不自損其剛貞，則能益其上，乃「益之」也。若失其剛貞而用柔説，適足以損之而已。世之愚者，有雖無邪心，而惟知竭力順上爲忠者，蓋不知「弗損益之」之義也。

——《程氏易傳·損傳》

【译文】

《损卦》的九二爻辞说：「不损而益。」程颐解释说：不减损自己的刚贞，就能对君上有益，这就是「益之」。如果失去自己刚贞之性而用柔媚去取悦于上，恰好损害君上而已。世上愚蠢的人，有的虽然没有邪心，却只知道竭力顺从君上，以为这便是忠，这样的人不懂得「不损而益」的道理呀。

【原文】

《益》之初九曰：「利用爲大作，元吉，無咎。」《象》曰：「元吉，無咎，下不厚事也。」《傳》曰：在下者本不當處厚事。厚事，重大之事也，以爲在上所任，所以當大事，必能濟大事而致元吉，乃爲無咎。能致元吉，則

在上者任之爲知人，己當之爲勝任。不然，則上下皆有咎也。——《程氏易傳·益傳》

【译文】

《益卦》的初九爻说：「有利于让他做大事，做得绝对好，无咎。」《象辞》说：「做得绝对好才无咎，是由于在下者不应该担当大事。」程颐解释说：在下位的人本不该处理厚事。厚事，就是重大的事。由于是在上者的委任，所以才担当了大事，一定要能成就大事而做到绝对的好，才能无咎。能做得绝对的好，那么在上位的人委任了你是知人善任，在你自己担当了这大事是有才能而胜任。如果不能做得绝对的好，那么在上者委任失误，在下者处事不当，都有罪责。

【原文】

革而無甚益，猶可悔也，況反害乎？古人所以重改作也。——《程氏易傳·革傳》

【译文】

改革以后却没有带来多大益处，尚且应该后悔，何况反倒带来危害呢？所以古人非常慎重地对待更改。

【原文】

《漸》之九三曰：「利禦寇。」《傳》曰：君子之與小人比也，自守以正，豈惟君子自完其己而已乎？亦使小人得不陷於非義，是以順道相保，禦止其惡也。——《程氏易傳·漸傳》

【译文】

《渐卦》的九三爻辞说：「利于抵御寇贼。」程颐解释说：君子和小人在一起，君子以正道自守其身，难道只是君子自我完善其身而已吗？也同时使得小人不得陷于非义，这就是以顺道保全自己，又防止了小人作恶。

【原文】

《旅》之初六曰：「旅瑣瑣，斯其所取災。」《傳》曰：志卑之人，既處旅困，鄙猥瑣細，無所不至，乃其所以致悔辱、取災咎也。——《程氏易傳·旅傳》

【译文】

《旅卦》的初六爻辞说：「旅途中琐碎小器，正是招致灾祸的原因。」程颐解释说：志趣卑下的人，又处旅途困顿之中，就更加鄙猥琐碎，到了无所不至的地步，这正是他们招致侮辱，自取灾祸的原因。

【原文】

在旅而過剛自高，致困災之道也。——《程氏易傳·旅傳》

【译文】在旅途中却过于刚戾并且自高，这是招致困厄灾难的缘由啊。

【原文】

《兑》之上六曰：「引兑。」《象》曰：「未光也。」《傳》曰：說既極矣，又引而長之，雖説之之心不已，而事理已過，實無所說。事之盛則有光輝，既極而強引之長，其無意味甚矣，豈有光也？

——《程氏易傳·兑傳》

【译文】

《兑卦》的上六爻说：「引兑。」《象辞》说：「未光也。」程颐解释说：喜悦已经到了极点，而又勉强牵引着要继续喜欢下去，纵然喜欢他的心尚未完了，但事理已经过当，实在没有什么可喜悦的。事物达到极盛时则有光辉，极盛以后又勉强使之延续下去，那是极端没意思了，哪里还有光辉呢？

【原文】

《中孚》之《象》曰：「君子以議獄緩死。」《傳》曰：君子之於議獄，盡其忠而已；於決死，極於惻而已。天下之事，無所不盡其忠，而議獄緩死，最其大者也。

——《程氏易傳·中孚傳》

【译文】

《中孚卦》的《象辞》说：「君子以诚信的精神议论刑狱，减缓死刑。」程颐解释说：君子对待议论刑狱，尽自己的忠诚而已；对于判决死刑，极尽恻隐之心而已。君子对天下的事，无不竭尽自己的忠诚，而议论刑狱减缓死刑，又是尽忠中最大的事。

【原文】

事有時而當過，所以從宜，然豈可甚過也？如過恭、過哀、過儉，大過則不可。所以小過爲順乎宜也。能順乎宜，所以大吉。

——《程氏易傳·小過傳》

【译文】

事情有时候应该做得过分一点，那是为了服从时宜，但怎么能太过分呢？如行为过分谦恭、丧事过分哀痛、用度过分俭朴，太过分就不行了。小有过分是为了顺从时宜。能顺乎时宜，所以就大吉。

【原文】

防小人之道，正己爲先。

——《程氏易傳·小過傳》

【译文】

防范小人的办法，首先是端正你自身。

【原文】

周公至公不私，進退以道，無利欲之蔽。其處己也，夔夔然存恭畏之習；其存誠也，蕩蕩焉無顧慮之意。所以雖在危疑之地，而不失其聖也。《詩》曰：「公孫碩膚，赤舃几几。」

——《程氏經説·詩解》

【译文】

周公心存至公而没有私念，他的进身和退守全都依照正道，没有利欲蔽塞他清明的心。他的处身行己，夔夔然有恭谨畏惧之心；他心存诚意，坦坦荡荡没有疑虑之意。所以他虽处在危险境地，而不失于圣人的气度。《诗经》上说：「周公他恭逊高大又美好，赤鞋礼服步履安详真大度。」

【原文】

採察求訪，使臣之大務。

——《程氏經説·詩解》

【译文】

采察风土民情，求访贤人君子，这是使臣的大事。

【原文】

明道先生與吴師禮談介甫之學錯處，謂師禮曰：爲我盡達諸介甫，我亦未敢自以爲是。如有説，願往復。此天下公理，無彼我。果能明辨，不有益於介甫，則必有益於我。

——《二程遺書》卷一

【译文】

程颢对吴师礼谈论王安石之学的错处，对吴师礼说：你替我全部转达给王安石，我也不敢自以为是。如果有所辩说，希望转达回来。学问是天下公理，没有彼此之分。如果真的辩明了，不是有益于王安石，就一定有益于我。

【原文】

天祺在司竹，常愛用一卒長。及將代，自見其人盗笋皮，遂治之無少貸。罪已正，待之復如初，略不介意。其德量如此。

——《二程遺書》卷二上

【译文】

张戬做司竹监丞时，曾喜欢用一名卒长。快到任满交替的时候，他亲眼看到这卒长盗窃竹笋皮，于是依法治其罪而不少加宽免。治罪之后，对待这人还如当初一样好，一点也不介意。其德量是如此的宽大。

【原文】

因論「口將言而囁嚅」，云：若合開口時，要他頭也須開口。須是「聽其言也厲」。

——《二程遺書》卷三

【译文】

因说到「人欲言又止的情状」，程颢说：如果应该开口说话时，即使要他的头也要开口。应该是「听到他的话叫人感到义正词严」。

【原文】

須是就事上學。《蠱》：「振民育德。」然有所知後，方能如此。何必讀書，然後爲學？

——《二程遺書》卷三

【译文】

应该在实践中学习。所以《周易·蛊·象》说：「振奋人民，培育自己的道德。」但要明白了道理后，才能如此去做。何必一定是读书，才算学问呢？

【原文】

先生見一學者忙迫，問其故，曰：「欲了幾處人事。」曰：「某非不欲周旋人事者，曷嘗似賢急迫？」

——《二程遺書》卷三

【译文】

程颐见一位学生急急迫迫的样子，问他为什么，回答说：「要去了结几处人事。」程颐说：「我也并不是不要应酬人事，但何曾像你这样急迫？」

【原文】

安定之門人，往往知稽古愛民矣，則「於爲政者何有」？

——《二程遺書》卷四

【译文】

胡瑗的门人弟子们，大都懂得考察古事，爱养人民，那么「对于从政他们还有什么困难呢」？

【原文】

門人有曰：「吾與人居，視其有過而不告，則於心有所不安。告之而人不受，則奈何？」曰：「與之處而不告其過，非忠也。要使誠意之交通，在於未言之前，則言出而人信矣。」又曰：「責善之道，要使誠有餘而言不足，則於人有益，而在我者無自辱矣。」

——《二程遺書》卷四

【译文】

有位门人说：「我和人相处，看到他有过错而不告诉他，就感到心中不安。告诉人家，人家却不接受，怎么办呢？」程颢说：「与人相处却不告诉其过错，是对朋友不忠。要使忠诚之心相交相通在你告诉他过错之前，那么话一说出，人就听信了。」又说：「朋友之间劝善之道，要使诚意有余而劝善的话常感不足，则对人有益，在自己也不会自取屈辱。」

【原文】

職事不可以巧免。——《二程遺書》卷七

【译文】

职责中应该做的事，不能靠要小聪明逃避。

【原文】

「居是邦，不非其大夫。」此理最好。——《二程遺書》卷六

【译文】

子贡说：「住在这个邦国中，就不非议这一国中的大夫。」这道理讲得最好。

【原文】

「克勤小物」最難。——《二程遺書》卷十一

【译文】

「能够勤勉于细碎小事」最难。

【原文】

欲當大任，須是篤實。——《二程遺書》卷十

【译文】

想要承担大的责任，就应该笃厚诚实。

【原文】

凡爲人言者，理勝則事明，氣忿則招拂。——《二程遺書》卷十一

【译文】

大凡对人说话，道理充分晓畅明白，就能把事情讲清楚，气胜愤激，就会招来不愉快。

【原文】

居今之時，不安今之法令，非義也。若論爲治，不爲則已，如復爲之，須於今之法度内處得其當，方爲合義。若須更改而後爲，則何義之有？——《二程遺書》卷一

【译文】

处在当今之时，不安于今日之法令，不合义。如果说到治政，不去做就罢了，如果还要出来做官治事，就应该在当今的法度内处置使得其当，才算是合义。如果说须要更改法令后才去做，那还有什么义呢？

【原文】

今之監司，多不與州縣一體，監司專欲伺察，州縣專欲掩蔽。不若推誠心與之共治，有所不逮，可教者教之，可督者督之。至於不聽，擇其甚者去一二，使足以警衆可也。——《二程遺書》卷一

【译文】

今天的监司，大多不与州县官协力为治，监司官一心只要潜伺密察州县官的罪恶，州县官也就一心只要掩盖自己的过错。作为监司官，不如推诚心与州县官共同图治，州县官有做得欠缺，可以教导的就教导，应该督责的就督责。教导督责都不听了，就选择一两个严重的罢免了，使得足以警戒其他人就可以了。

【原文】

伊川先生曰："人惡多事，或人憫之。世事雖多，盡是人事。人事不教人做，更責誰做？"

——《二程遺書》卷十五

【译文】

程颐说："有的人厌烦要做的事太多，别人有的同情他。世上的事虽然多，但都是人事。人事不让人去做，又让谁去做呢？"

【原文】

感慨殺身者易，從容就義者難。

——《二程遺書》卷十一

【译文】

一时为义愤所激慷慨激昂地去死容易，为了坚持正义，从容不迫、安然恬然地走向死亡困难。

【原文】

人或勸先生以加禮近貴。先生曰："何不見責以盡禮，而責之以加禮？禮盡而已，豈有加也？"

——《二程遺書》卷十七

【译文】

有人劝程颐对皇帝的亲近者与贵人特加礼敬。程颐说："为什么不要求我尽于礼节而要求我特加礼敬？礼，做到不缺礼就是了，难道还有可以增加的吗？"

【原文】

或問："簿，佐令者也。簿所欲爲，令或不從，奈何？"曰："當以誠意動之。今令與簿不和，只是爭私意。令是邑之長，若能以事父兄之道事之，過則歸己，善則唯恐不歸於令，積此誠意，豈有不動得人？"

——《二程遺書》卷十八

【译文】

有人问："主簿，是辅佐县令的。主簿想要做的事，县令不允许，怎么办？"程颐说："应当用诚意去感动他。现在的县令与主簿不和，只是以私意相争。县令是地方的长官，如果主簿能用对待父兄的方法对待他，有了过错自己担当，有了好的名声只恐怕不能归功于县令，积累这样的诚意，哪会不能感动得人？"

【原文】

問：「人於議論，多欲直己，無含容之氣，是氣不平否？」曰：「固是氣不平，亦是量狹。人量隨識長，亦有人識高而量不長者，是識實未至也。大凡別事，人都強得，惟識量不可強。今人有斗筲之量，有釜斛之量，有鍾鼎之量，有江河之量。江河之量亦大矣，然有涯，有涯亦有時而滿，惟天地之量則無滿。故聖人者，天地之量也。聖人之量，道也；常人之有量者，天資也。天資之量須有限。大抵六尺之軀，力量只如此，雖欲不滿，不可得也。如鄧艾位三公，年七十，處得甚好。及因下蜀有功，便動了。謝安聞謝玄破苻堅，對客圍棋，報至不喜。及歸，折屐齒。強終不得也。更如人大醉後益恭謹者，只益恭謹，便是動了，雖與放肆者不同，其爲酒所動一也。又如貴公子位益高，益卑謙。只卑謙便是動了。雖與驕傲者不同，其爲位所動一也。然惟知道者，量自然宏大，不勉強而成。今人有所見卑下者，無他，亦是識量不足也。」

——《二程遺書》卷十八

【译文】

有人问：「人在辩论的时候，大多想伸直自己的观点而说服别人，缺少含宏宽容的气度，是气性不平吗？」程颐说：「当然是气性不平，也是器量狭小。人的器量随着见识增长，也有人见识高而器量不长的，是见识其实还没有达到。大凡别的事，人都可以勉强，只有见识器量不可勉强。人有斗筲一样的量，大一点有釜斛一样的量，再大有钟鼎一样的量，又大有长江大河一样的量。长江大河那样的器量可以说是大了，但还有边际，既然有边际就有满的时候，只有天地之量则没有满的时候。所以圣人是天地之量的人。圣人之量，与道为一；常人之量，是天给的一分。天给的一分器量应该是有限的。大抵人六尺之躯，力量就这么大，即使想要不满足，也是不可能的。如邓艾位至三公，年到七十，处事处得极好。等到因为平蜀有功，心意便动摇了。谢安听到侄子破苻坚的消息，正和客人下围棋，驿报送到，没有喜色。等到他下完棋回到后边去时，激动得把屐齿都折了。器量的大小到底是勉强不得的。又如有人大醉后更加谦恭谨敬，只这更加恭谨，就是被酒动摇了心性，虽然与醉后放肆胡为的人不同，但是被酒动摇心性是一样的。又如一些贵公子，官位越高，就越谦下。只这谦下，就是被官位动了。虽然与因官高骄傲的人不同，但是被官位动摇了心性是一样的。只有那些深明大道的人，器量自然应该宏大，不需要勉强而自然就是大器量。有的人见解卑下，没有别的原因，也是由于见识和器量不足。」

【原文】

人才有意於爲公，便是私心。昔有人典選，其子弟係磨勘，皆不爲理。此乃是私心。人多言古時用直，不避嫌得，後世用此不得。自是無人，豈是無時？

——《二程遺書》卷十八

【译文】

人刚一着意去为公，就成了私心。先前有人主管官吏考核，他的子弟有在考察之列者，他为避嫌全都不加理会。这正是私心。人多说古代用直不避嫌可以，后世这样做不得。后世原是没有用直不避嫌的人，哪里是因为没有了那样的时代呢？

【原文】

君實嘗問先生云：「欲除一人給事中，誰可爲者？」先生曰：「初若泛論人才，卻可。今既如此，頤雖有其人，何可言？」君實曰：「出於公口，入於光耳，又何害？」先生終不言。

——《二程遺書》卷十九

【译文】

司马光曾问程颐：「想安排一个人做给事中，谁合适呢？」程颐说：「若像当初泛泛议论人才，我是可以说的。现在既然如此，我即使有这样的人，怎么能说呢？」司马光说：「从您口中说出，进到我的耳朵里，别人不知，又有什么妨害呢？」程颐到底也没说。

【原文】

先生云：韓持國服義最不可得。一日，頤與持國、范夷叟汎舟於潁昌西湖，須臾客將云：「有一官員上書，謁見大資。」頤將謂有甚急切公事，乃是求知己。頤云：「大資居位，卻不求人，乃使人倒來求己，是甚道理？」夷叟云：「只爲正叔太執。求薦章，常事也。」頤云：「不然。只爲曾有不求者不與，來求者與之，遂致人如此。」持國便服。

——《二程遺書》卷十九

【译文】

程颐说：韩维能服从义理最为难得。一天，我与韩维、范纯礼在颍昌西湖泛舟，不一会儿牙将说：「有一位官员上书，拜见大资政。」我还以为有什么紧急公事，原来是求韩大资政了解自己。我说：「大资政居位，却不去访求贤人，反倒让人来求自己，是什么道理？」范纯礼说：「这只是您太执拘了，向大官求荐举的表章，这是很常见的事。」我说：「不对。只因为曾有不求的就不给，来求的就给他，才使得人跑来求的。」韩维听了，即服了这话。

【原文】

先生因言：今日供職，只第一件便做他底不得：吏人押申轉運司狀，頤不曾簽。國子監自係臺省，臺省係朝廷官。外司有事，合行申狀，豈有臺省倒申外司之理？只爲從前人只計較利害，不計較事體，直得恁地。須看聖人欲正名處，見得道名不正時，便至禮樂不興，是自然住不得。

——《二程遺書》卷十九

【译文】

程颐说到他不能在西京国子监任职，于是又说：现在去任职，只他这第一件事就做不得：国子监中吏人要把文书送到转运司去签署，我的有关文书就没有送给他们签。国子监归属于台省管辖，台省所属都是朝廷官。朝外的官署有事，应当呈送文状，哪有台省反倒呈送文状到朝外官署的道理呢？只因为从前的人只考虑利害关系，而不考虑内外尊卑的体统，就只得那么做了。须要看一看圣人要正名分的地方，看他说名分不正时，就使得礼乐不兴，事关乎此，这就自然做不得了。

【原文】

學者不可不通世務。天下事譬如一家，非我爲則彼爲，非甲爲則乙爲。

——《二程遺書》卷二十二下

【译文】

学者不可不通达世务。天下就像一家，一家的事必须有人做，不是你做就是我做，不是甲做就是乙做。

【原文】

「人無遠慮，必有近憂。」思慮當在事外。

——《二程外書》卷二

【译文】

「人无远虑，必有近忧。」人的思虑应该超出当前所做的事以外。

【原文】

聖人之責人也常緩，便見只欲事正，無顯人過惡之意。

——《二程外書》卷七

【译文】

圣人要求人时常常宽缓，由此便可见圣人只是要使事情归之于正，没有要暴露他人的过错和缺点的意思。

【原文】

伊川先生云：今之守令，惟制民之產一事不得爲，其他在法度中，甚有可爲者，患人不爲耳。

——《二程外書》卷十二

【译文】

程颐说：今天的州县守令，只有规定人民的产业这一件事不能做，其他在法度中，很有些可做的事，只怕人不去做罢了。

【原文】

明道先生作縣，凡坐處皆書「視民如傷」四字，常曰：「顥常愧此四

字。」

——《二程外書》卷十二

【译文】

程颢做县令，凡是常坐的地方都写有「视民如伤」四个字，常说：「我程颢面对这四个字常感到惭愧。」

【原文】

伊川每見人論前輩之短，則曰：「汝輩且取他長處。」

——《二程外書》卷十二

【译文】

程颐每当见人们议论前辈人的短处，就说：「你们且去吸收他的长处。」

【原文】

劉安禮云：王荆公執政，議法改令，言者攻之甚力。明道先生嘗被旨赴中堂議事，荆公方怒言者，厲色待之。先生徐曰：「天下之事，非一家私議，願公平氣以聽。」荆公爲之愧屈。

——《二程遺書》附録《門人朋友叙述》

【译文】

刘立之说：王安石执掌朝政，议新法改旧令，上言论事的人批评他非常强烈。程颢曾被召到中书省议事，王安石正恼恨上言的人，神色严厉地等着程颢。程颢从从容容地说：「天下之事，并非一家的私议。希望您平心静气地来听。」王安石为此惭愧屈服。

【原文】

劉安禮問臨民，明道先生曰：「使民各得輸其情。」問御吏，曰：「正己以格物。」

——《二程遺書》附録《門人朋友叙述》

【译文】

刘立之问如何治理民众，程颢说：「让人民都能够表达自己的真实感情。」问如何驾驭吏员，程颢说：「端正自身以纠正他人。」

【原文】

横渠先生曰：凡人爲上則易，爲下則難。然不能爲下，亦未能使下，不盡其情僞也。大抵使人，常在其前己嘗爲之，則能使人。

——張載《經學理窟·義理》

【译文】

张载说：大凡人做上级容易，做下属难。但不能做下属的，也不能使用下属，这是因为不能了解下边的真实情况。大抵要使用人，常常是同样事以前自己曾经做过，这类事上就能够使用他人。

【原文】

《坎》，「維心亨」，故「行有尚」。外雖積險，苟處之心亨不疑，則雖難必濟，而「往有功也」。今水臨萬仞之山，要下卽下，無復凝。險之在前，惟知有義理而已，則復何回避？所以心通。

——張載《横渠易説·習坎》

【译文】

《坎卦》的《彖辞》说，「只因内心亨通」，所以「行为可以崇尚」。外面虽然聚积着重重的危险，但如果身处险境而心中亨通不疑，那么即使艰难也必然能够度过，并能「往而有功」。现在的形势是水临万丈之山，要落下就落下，再没有凝滞不畅的艰险，只知道按照义理前进而已，还有什么要回避的？这就是内心亨通的原因。

【原文】

人所以不能行己者，於其所難者則惰，其異俗者，雖易而羞縮。惟心弘，則不顧人之非笑，所趨義理耳，視天下莫能移其道。然爲之，人亦未必怪，正以在己者義理不勝。惰與羞縮之病，消則有長，不消則病常在，意思齷齪，無由作事。在古氣節之士，冒死以有爲，於義未必中，然非有志概者莫能，況吾於義理已明，何爲不爲？

——張載《横渠易説·大壯》

【译文】

人之所以不能推行自己的主张，其原因是在那些困难的事情上怠惰，那些与世俗不同的事，即使容易却羞怯退缩而不敢做。只有心胸宏大的人，则不顾他人的非议与讥笑。你所追求的是义理，义理当行时，整个天下都没有谁能改变你所行之道。然而你做了，别人也未见得一定感到奇怪，不能做的原因，正在于自己本身义理之心不够强胜。怠惰与羞缩之病减少则义理之心增长，不减少就病根常在，没有大的心胸，无法干成任何事。在古代崇尚气节之士，冒着死的危险去有所作为，其行为未必符合义理，然而除非有志气节烈之士做不到。何况我们已经明白了义理，义理所当为的事，为什么不去做呢？

【原文】

《姤》初六：「羸豕孚蹢躅。」豕方羸時，力未能動，然至誠在於蹢躅，得伸則伸矣。如李德裕處置閹宦，徒知其帖息威伏，而忽於志不忘逞，照察少不至，則失其幾也。

——張載《横渠易説·姤》

【译文】

《姤卦》的初六爻辞说：「瘦弱的猪心中所希求的是徘徊躁动。」当猪瘦弱的时候，力量不足不能动，然而心中实实在在想的是要躁动，到能够伸张它这志愿的时候就要动起来了，这就像小人处困顿中而时刻想得逞其志。例如唐代李德裕处置宦官，只认为他们帖息威伏了，而忽略

了他们志不忘逞之隐情，一时照察不到，没有及时消除其祸患的苗头而终至成为大祸。

【原文】

人教小童，亦可取益。絆己不出入，一益也。授人數數，己亦了此文義，二益也。對之必正衣冠，尊瞻視，三益也。常以因己而壞人之才爲憂，則不敢惰，四益也。

——張載《經學理窟·義理》

【译文】

人教小童子，也可以使自己有收益。绊住了自己不外出，是第一个收益。把书教人好多遍，自己也明白了文义，这是第二个收益。在小孩子面前一定要衣冠端正，一瞻一视都要严肃，这是第三个收益。常常担心因为自己教育不好而坏了人家之才，就不敢怠惰，这是第四个收益。

卷十一　教學之道

【原文】

濂溪先生曰：剛善，爲義，爲直，爲斷，爲嚴毅，爲幹固；惡，爲猛，爲隘，爲強粱。柔善，爲慈，爲順，爲巽；惡，爲懦弱，爲無斷，爲邪佞。惟中也者，和也，中節也，天下之達道也，聖人之事也。故聖人立教，俾人自易其惡，自至其中而止矣。

——周敦頤《通書·師》

【译文】

周敦颐说：刚之性表现为善，是正义，是刚直，是决断，是严毅，是干练贞固；表现为恶，是猛悍，是狭隘，是强粱。柔之性表现为善，是仁慈，是和顺，是谦让；表现为恶，是懦弱，是无断，是邪佞。中的意思，是和，是适度，它是通行天下的大道，是圣人才能做得到的。所以圣人设教，是要使人自行抛弃刚柔之恶，自行达到中和并保持于中和。

【原文】

伊川先生曰：古人生子，能食能言而教之。大學之法，以豫爲先。人之幼也，知思未有所主，便當以格言至論日陳於前，雖未曉知，且當薰聒，使盈耳充腹，久自安習，若固有之，雖以他言惑之，不能入也。若爲之不豫，及乎稍長，私意偏好生於内，衆口辯言鑠於外，欲其純完，不可得也。

——《二程文集》卷六《上太皇太后書》

【译文】

程颐说：古人生了孩子，能吃饭能说话就开始教育。大学教人的方法，首先是预先熏陶和预防。人在幼小的时候，知识思虑无所偏主，就应该每天让他听到圣贤格言至论，尽管他还不知，也应当反反复复地让他听，让他受其熏染，使他满耳满腹都是这些话，时间久了，自然安于习惯于照着格言至论去做，其品性就像天生固有的一样，即使有人用别的邪说去惑乱他，他也听不

进去。若不及早加以熏陶培养，等到稍大一些，内心产生了私意偏好，外边又有众人用巧辩的语言销蚀着，想让其心性纯而不杂、完而不缺，那是不可能的了。

【原文】

《觀》之上九曰：「觀其生，君子無咎。」《象》曰：「觀其生，志未平也。」《傳》曰：君子雖不在位，然以人觀其德，用爲儀法，故當自慎省。觀其所生，常不失於君子，則人不失所望而化之矣。不可以不在於位，故安然放意無所事也。

——《程氏易傳·觀傳》

【译文】

《观卦》的上九爻辞说：「观其生，君子无咎。」《象辞》说：「观其生，志未平也。」程颐解释说：君子即使是不在其位时，由于人们仰观着他的德行，作为天下的仪表和法式，所以也应当自慎自省。观察他的生活方式，时常符合君子的标准，那么人们就不会失去他们仰望中的榜样而随之迁化了。不能因为自己不在其位，就放松自己的心志而无所事事啊。

【原文】

聖人之道如天然，與衆人之識，其殊邈也。門人弟子既親炙，而後益知其高遠。既若不可以及，則趨望之心怠矣。故聖人之教，常俯而就之。事上、臨喪，不敢不勉，君子之常行。不困於酒，尤其近也。而以己處之者，不獨使夫資之下者勉思企及，而才之高者亦不敢易乎近矣。

——《程氏經説》

【译文】

孔子的学问就像高远的上天，普通人的见识，与之相去太远太远了。他的门人弟子们既然在身边受教，就更了解他学问的高远。但是如果让人感到他的学问高不可及，那么向往之心就会懈怠。所以孔子教人，常常依照所教对象的水平施教。例如他说出门服侍公卿，在家服侍父兄，丧事不敢不尽礼。这都是君子普通行为。又说不被酒所困，更是与普通人切近了。用他自己对待这些事的做法去教导人，不仅使那些天资低下的人努力想去做得到，而那些才智高的人也不敢由于浅近而轻视。

【原文】

明道先生曰：憂子弟之輕俊者，只教以經學念書，不得令作文字。子弟凡百玩好皆奪志。至於書札，於儒者事最近，然一向好者，亦自喪志。如王、虞、顔、柳輩，誠爲好人則有之，曾見有善書者知道否？平生精力一用於此，非惟徒廢時日，於道便有妨處，足知喪志也。

——《二程遺書》卷一

【译文】

程颢说：担心自家的子弟才智俊快却心志轻浮的，就只教子弟学经念书，不得让他作诗文等。小孩子一切的爱好都会改变其学道之志。至于说到书法，是和儒者最切近的事，然而一旦爱好了，也会丧失学道之志。像王羲之、虞世南、颜真卿、柳公权这些人，说他们确实是好人则可以，曾见过书法家们哪个深明圣人之道吗？一生的精力全用到这上边，不仅白白浪费时光，对于学道也有妨碍，就此足以明白书法也会丧失人学道之志。

【原文】

胡安定在湖州，置治道齋，學者有欲明治道者，講之於中，如治民、治兵、水利、算數之類。嘗言劉彝善治水利，後累爲政，皆興水利有功。

——《二程遺書》卷一

【译文】

胡瑗在湖州做教授，专门设置治道斋，学生中有想学习治国之道的人，在治道斋中学习研究，所学内容如治民、治兵、水利、算数之类。他曾说刘彝善长水利，刘彝后来累次从政，都因兴修水利有功。

【原文】

凡立言欲涵蓄意思，不使知德者厭，無德者惑。

——《二程遺書》卷一

【译文】

大凡要立说垂世，要得意思涵蓄深厚，不让明白德义的人厌倦，不让不懂德义的人迷惑。

【原文】

教人未見意趣，必不樂學。欲且教之歌舞，如古《詩》三百篇，皆古人作之。如《關雎》之類，正家之始，故用之鄉人，用之邦國，日使人聞之。此等詩，其言簡奥，今人未易曉。别欲作詩，略言教童子灑掃應對事長之節，令朝夕歌之，似當有助。

——《二程遺書》卷二上

【译文】

教人如果学习者没有感到学习中的意趣，他就一定不会乐于学习。我想将来用歌舞教他们，正如《诗经》三百篇，都是古人做了教人的。如其中《关雎》之类，其作用是夫妻之礼正于家而为风化之始，所以周公把它用到乡人身上以教其民，用到邦国中以教其臣，天天使人听到它。但这样的诗，语言简约深奥，今天的人不容易理解。所以我想另作新诗，大略说明教育童子洒扫、应对、事长的节目，让他们早晚歌唱，似乎对他们的学习应有帮助。

【原文】

子厚以禮教學者最善，使學者先有所據守。

——《二程遺書》卷二上

【译文】张载用礼来教学生是最好的办法，使学生们先有个守身持心的依据。

【原文】語學者以所見未到之理，不惟所聞不深徹，久將理低看了。

——《二程遺書》卷三

【译文】对学生们讲他的见识尚未达到还不能够理解的道理，不仅他不能深刻透彻理解，反而会使他将高深之理也看成浅薄了。

【原文】舞、射便見人誠。古之教人，莫非使之成己。自灑掃應對上，便可到聖人事。

——《二程遺書》卷五

【译文】舞而中节，射而中的，就能看出一个人的诚心。古代圣贤教人，无非使之成就自身德行。从洒扫、应对上，便能培养人的诚意，按此诚意做下去，就能做到圣人所做的事。

【原文】自「幼子常視無誑」以上，便是教以聖人事。

——《二程遺書》卷六

【译文】从「平时不可以让孩子看到你在说谎」以上的教育，都是用做圣人之事来教育人。

【原文】先傳、後倦，君子教人有序。先傳以小者近者，而後教以大者遠者。非是先傳以近小，而後不教以遠大也。

——《二程遺書》卷八

【译文】先传授什么、后传授什么，君子教人有一定顺序。先传授那些小的近的，而后传授那些重要的远大的。并不是先传授以近的小的，而后不教他远的大的了。

【原文】伊川先生曰：説書必非古意，轉使人薄。學者須是潛心積慮，優游涵養，使之自得。今一日説盡，只是教得薄。至如漢時説「下帷講誦」，猶未必説書。

——《二程遺書》卷十五

【译文】程颐说：解说古书肯定不合古意，反倒使人浅薄。学者应该潜心进去，反复思考，从从容容，游于其间，涵泳持养，至于透彻理解，自己领会。现在却一次说完了，只是把书给教得浅薄了。至于汉时说的董仲舒「放下帐子讲诵」，也未必是解说古书。

【原文】

古者八歲入小學，十五入大學。擇其才可教者聚之，不肖者復之農畝。蓋仕農不易業，既入學則不治農，然後士農判。在學之養，若士大夫之子，則不慮無養；雖庶人之子，既入學則亦必有養。古之士者，自十五入學，至四十方仕，中間自有二十五年學，又無利可趨，則所志可知，須去趨善，便自此成德。後之人自童稚間已有汲汲趨利之意，何由得向善？故古人必使四十而仕，然後志定。只營衣食卻無害，惟利祿之誘最害人。

——《二程遺書》卷十五

【译文】

古代八岁入小学，十五岁入大学。小学学完，选择那些才智好可教的聚集在大学中教之，那些不成器的让他回到田间务农。古代士和农都是终身职业不能互相变换，已经入学为士就不再从事农业，这样才能把士和农的职业分开。在学校中的供养，如果是士大夫的儿子，则不用担心他没有供养；即使是平民之子，既然入学那就必然有供养。古代的士，从十五岁入学，到四十岁方出仕，中间自有二十五年时间学习，又没有利可去追求，那么他的志向可知，应该是去追求善，由此就能成就德业。后代的人从童子时起就有了急急地追求利欲之意，怎么能够向善呢？所以古人一定要使他四十岁才出仕，然后从善之志才能定。只是去营求衣食却没有什么害处，只有利禄的引诱最害人。

【原文】

天下有多少才！只爲道不明於天下，故不得有所成就。且古者「興於《詩》，立於禮，成於樂」，如今人怎生會得？古人於《詩》，如今人歌曲一般，雖閭巷童稚，皆習聞其説而曉其義，故能興起於《詩》。後世老師宿儒，尚不能曉其義，怎生責得學者？是不得「興於《詩》」也。古禮既廢，人倫不明，以至治家皆無法度，是不得「立於禮」也。古人有歌詠以養其性情，聲音以養其耳目，舞蹈以養其血脈，今皆無之，是不得「成於樂」也。古之成材也易，今之成材也難。

——《二程遺書》卷十八

【译文】

天下有多少人才呀！只因为圣人之道不倡明于天下，所以这些人才不能有所成就。况且古代培养人，「《诗》使之振奋兴起而向学，礼使人能够立身，乐使学业得以成就」，如今的人怎么能够呢？古人对于《诗》，就如今人口头唱的歌曲一样，即使是街上的无知小童，都熟知其说而明白其义，所以能由诗篇振奋兴起。后世的前辈经师资深大儒，尚且不能明白《诗经》之义，怎么要求学子们通晓呢？这就不能「振奋兴起于《诗》」了。古代的礼制已经废除，君臣、父子、夫妇、朋友等人之大伦不能昭明于天下，以至于人治家都没有了法度，这就不能「学礼而立身」

了。古人有歌唱以涵养其性情，有音乐以涵养其耳目，有舞蹈以涵养其血气，今天都没有了，这就不能「成就于乐舞」了。古人成就人才容易，今天造就人才困难。

【原文】

孔子教人，「不憤不啓，不悱不發」。蓋不待憤悱而發，則知之不固；待憤、悱而後發，則沛然矣。學者須是深思之，思而不得，然後爲他說便好。初學者須是且爲他說，不然，非獨他不曉，亦止人好問之心也。

——《二程遺書》卷十八

【译文】

孔子教人，「不到他要弄通又弄不通的时候不去点透他，不到似乎能说出来又说不出的时候不去引发他」。因为不到这种愤、悱的状态而去启发他，那么他掌握得就不牢固；等到愤、悱之时然后启发他，他就会以不可阻挡之势前进。学者应该深思，深思以后不能明白，然后给他说透就好。但初学者应该给他讲，不然不仅他不明白，也会阻碍了他好问之心。

【原文】

横渠先生曰：「恭敬、撙節、退讓以明禮。」仁之至也，愛道之極也。己不勉明，則人無從倡，道無從弘，教無從成也。

——張載《正蒙·至當》

【译文】

张载说：「对人恭敬、贬抑自己、遇事退让以倡明礼。」这是仁的极致，是爱人之道的极致。自己不首先勉力以明礼，那么众人没有表率，圣人之道不能弘扬，教育也就无法成就。

【原文】

《學記》曰：「進而不顧其安，使人不由其誠，教人不盡其材。」人未安之，又進之，未喻之，又告之，徒使人生此節目。不盡材，不顧安，不由誠，皆是施之妄也。教人至難，必盡人之材，乃不誤人。觀可及處，然後告之。聖人之教，直若庖丁解牛，皆知其隙，刃投餘地，無全牛矣。人之才足以有爲，但以其不由於誠，則不盡其才。若曰勉率而爲之，則豈有由誠哉？

——張載《禮記說》

【译文】

《礼记·学记》中说：「做老师的只顾推进进度多多地教给学生而不顾学生是不是已经熟悉，这就使得学习的人不用其忠诚之心对待学习而是欺骗、敷衍老师，教人的人也就不去充分发挥学生的材性。」学生还没有熟悉学过的东西，就又进入新的学习内容，还没有明白已经告诉他的道理，就又告知新的道理，这种方法于教无益，只是教人生出不安、不诚等毛病。不能充分发挥学生的材性，不顾学生是否熟悉，使学生不用其忠诚，这都是胡乱盲目的施教。教育人是最难

的事，一定要充分发挥人的才智，才不误人。观察他能达到哪一个地步，然后把相应的东西告诉他。圣人就有准确地把握学习者的明睿，简直就像庖丁解牛一样，全都知道其骨节间隙在哪里，投刃于绰绰有余之地，他眼中没有一头完整的牛。人的才能足可有所作为，但因为他不用自己的诚心，就不能充分发挥他的才智。如果说勉强草率地去做，则怎能说是使用了他的诚心了呢？

【原文】

古之小兒，便能敬事。長者與之提携，則兩手奉長者之手。問之，掩口而對。蓋稍不敬事，便不忠信。故教小兒，且先安詳恭敬。

——張載《禮記説》

【译文】

古时候的小孩子，就能够敬事长者。年长的人和他牵着手走路，他就两手捧住长者的手。问他话，他就掩着口回答。因为稍有一点不敬事，就不是忠信了。所以教小儿，首先要教育他安详恭敬。

【原文】

孟子説：「人不足與適也，政不足與間也，唯大人爲能格君心之非。」非惟君心，至於朋游學者之際，彼雖議論異同，未欲深較。惟整理其心，使歸之正，豈小補哉！

——張載《孟子説》

【译文】

孟子说：「当政的人不值得去指责，他们的政令也不值得去非议。只有大人才能纠正君主思想上的错误。」不仅君心如此，以至于同学与后学之间，他纵然议论和你不同，也不要深加论辩校正。只有纠正条理其心，使其心中不正确的东西纳入正确的轨道，这对人岂止是小的补益呀！

卷十二　改過及人心疵病

【原文】

濂溪先生曰：仲由喜聞過，令名無窮焉。今人有過，不喜人規，如護疾而忌醫，寧滅其身而無悟也。噫！

——周敦頤《通書·過》

【译文】

周敦颐说：子路喜欢听到别人指出自己的过错，因而有无穷的美名。今天的人有了过错，不喜欢人来规劝，就像护着身上的病而忌讳医治，宁可灭亡自身也不醒悟。唉！

【原文】

伊川先生曰：德善日積，則福禄日臻。德踰於禄，則雖盛而非滿。自古隆盛，未有不失道而喪敗者。

——《程氏易傳·泰傳》

【译文】

程颐说：德与善一天天积累，则福和禄就会一天天自己到来。德行高出了享有的禄位，那么即使所享之禄达到极盛也不称作满。自古以来官隆福盛之家，没有不丧失道义而会败落的呀。

【原文】

人之於豫樂，心悦之，故遲遲，遂至於耽戀不能已也。《豫》之六二，以中正自守，其介如石，其去之速，不俟終日。故貞正而吉也。處豫不可安且久也，久則溺矣。如二可謂見幾而作者也。蓋中正故其守堅，而能辨之早，去之速也。

——《程氏易傳·豫傳》

【译文】

人对于逸豫安乐，心中喜悦，不肯决然舍去，故迟之又迟，终至于迷恋安乐而不能自已。《豫卦》的六二爻，能以中正自守，其品质高介如石，能够迅速舍弃逸乐而去，不等过完这一天。所以坚贞中正而吉利。人在逸乐中不可安逸又长久，长处安乐之中就会沉湎其中。像六二爻之明智，可以称得上是看到征兆就迅速行动的了。由于其处中正之位所以能守身坚定，又能及早辨别逸乐之害，而迅速地舍弃它。

【原文】

人君致危亡之道非一，而以豫爲多。

——《程氏易傳·豫傳》

【译文】

人君招致危亡的缘由很多，而其中以逸豫安乐为多。

【原文】

聖人爲戒，必於方盛之時。方其盛而不知戒，故狃安富則驕侈生，樂舒肆則綱紀壞，忘禍亂則釁孽萌，是以浸淫不知亂之至也。

——《程氏易傳·臨傳》

【译文】

圣人戒备祸患，一定要在正当兴盛之时。当兴盛的时候不知戒惧，因而习惯于安乐富足就会产生骄侈，乐于舒适肆意纲纪就会败坏，忘怀于祸乱事端就会萌动，因此就像水渐积渐多一样，在不知不觉中祸乱就会到来。

【原文】

《復》之六三，以陰躁處動之極，復之頻數而不能固者也。復貴安固，頻復頻失，不安於復也。復善而屢失，危之道也。聖人開遷善之道，與其復而危其屢失，故云「厲無咎」，不可以頻失而戒其復也，頻失則爲危，屢復何咎？過在失而不在復也。

——《程氏易傳·復傳》

【译文】

《复卦》的六三爻，以阴躁之性又处在下卦震动的极点上，是频繁地复于善却不能固守于善的象征。复善改过贵在安定稳固，频频地复又频频地失，是不能安居于复善呀。复于善又屡次失去，这是危险的呀。圣人向人指明了迁善改过之路，赞扬鼓励人们复于善而又让他们明白屡次失误的危险，所以爻辞说「厉无咎」，又不可以因为屡次改过复于善而又频频失误而阻止他迁善改过啊，频频地失去是危险，屡次改过有什么不对呢？过失在于失误而不在于复善。

【原文】

睽極則咈戾而難合，剛極則躁暴而不詳，明極則過察而多疑。《睽》之上九，有六三之正應，實不孤。而其才性如此，自睽孤也。如人雖有親黨，而多自疑猜，妄生乖離，雖處骨肉親黨之間，而常孤獨也。

——《程氏易傳・睽傳》

【译文】

睽离到了极点，则乖戾而难与人合，刚强到了极点，就暴躁而不安详，明敏到了极点，就过多审察而走向多疑。《睽卦》的上九爻，本来有六三爻与之正应，其实并不孤立。但它的特性乖戾、暴躁、多疑，是自我孤立起来了。这就像人，虽是亲戚族人，但多自猜疑，妄生乖离，即使在至亲骨肉亲族之间，却常常是孤独的。

【原文】

《解》之六三曰：「負且乘，致寇至，貞吝。」《傳》曰：小人而竊盛位，雖勉爲正事，而氣質卑下，本非在上之物，終可吝也。若能大正則如何？曰：大正非陰柔所能也。若能之，則是化爲君子矣。

——《程氏易傳・解傳》

【译文】

《解卦》的六三爻辞说：「负且乘，致寇至，贞吝。」程颐解释说：小人而窃居高位，即使他勉力去做正事，但由于气质卑下，原本不是在上位的人，最终也不免于羞。或许有人说：假如他能变成极正派的人，又怎么样呢？回答是：极其正派，不是阴柔之性所能做到的。如果能，那是变化气质而成为君子了。

【原文】

《益》之上九曰：「莫益之，或擊之。」《傳》曰：理者天下之至公，利者衆人所同欲。苟公其心，不失其正理，則與衆同利，無侵於人，人亦欲與之。若切於好利，蔽於自私，求自益以損於人，則人亦與之力爭，故莫肯益之，而有擊奪之者矣。

——《程氏易傳・益傳》

【译文】

《益卦》的上九爻辞说：「没有人给他东西，却有人去攻击他。」程颐解释说：理是天下的大公，利是人们共同追求的东西。如果能使自己的心公平，不失于正理，那就会与大众同享利益，不去侵夺别人，别人也就想给他。如果好利心切，心为自私所蔽塞，追求自己得益，而损害别人，那么别人也就与他力争，所以就没有人肯送给他什么，而有人去攻击他并且夺取他的东西了。

【原文】

《艮》之九三曰：「艮其限，列其夤，厲熏心。」《傳》曰：夫止道貴乎得宜，行止不能以時，而定於一，其堅強如此，則處世乖戾，與物睽絶，其危甚矣。人之固止一隅，而舉世莫與宜者，則艱蹇忿畏，焚撓其中，豈有安裕之理？「厲熏心」，謂不安之勢，熏爍其中也。

——《程氏易傳·艮傳》

【译文】

《艮卦》的九三爻辞说：「它把艮的上下卦分开，它割裂了脊骨上的肉，不安之势像火一样熏烤着它的心。」程颐解释说：止之道贵在得宜，行动和静止不能按时，而却定着于一处，这样去处世，就乖戾不合，与他人背离断绝，那是很危险的呀。人固执地胶着在一个角落里，而整个世上没有与他合得来的人，那就会有艰险困迫忿恨畏惧，焚烧着、扰乱着他的心，哪里还有安闲宽裕的道理？「厉熏心」，说的就是不安之势，熏烤他的内心呀。

【原文】

大率以説而動，安有不失正者？

——《程氏易傳·歸妹傳》

【译文】

大凡因为喜欢而动的，其动怎么会不失于正理呢？

【原文】

男女有尊卑之序，夫婦有倡隨之理，此常理也。苟徇情肆欲，唯説是動，男牽欲而失其剛，婦狃説而忘其順，則凶而無所利矣。

——《程氏易傳·歸妹傳》

【译文】

男女之间有男尊女卑的秩序，夫妇间有夫唱妇随的情理，这是恒常不变的道理呀。如果徇情肆欲，为所喜爱的人而动，那么男人被情欲牵引着而失去其刚正，女人习惯于欢爱而忘记了柔顺，那就只有凶而没有什么利了。

【原文】

雖舜之聖，且畏巧言令色，説之惑人，易入而可懼也如此。

——《程氏易傳·兑傳》

【译文】

即使像舜这样的圣人，尚且畏惧那些花言巧语、以媚顺之色讨好人的人，可见取悦的手段迷惑人，是多么的容易攻入人心而且可怕呀。

【原文】

治水，天下之大任也，非具至公之心，能捨己從人，盡天下之議，則不能成其功，豈方命圮族者所能乎？鯀雖九年而功弗成，然其所治，固非他人所及也。惟其功有敘，故其自任益强，咈戾圮類益甚，公議隔而人心離矣，是其惡益顯，而功卒不可成也。

——《程氏經説·書解》

【译文】

治水，是天下重大的责任呀，除非具有至公之心，能够舍弃一己之明而听从他人，充分采纳天下人的议论，则不能成其功，难道是恃一己之能，背理行事，败坏善类的人所能承担的吗？鲧虽然治水九年而没有成功，但他所治理的，自然不是其他人所能赶得上的。正因为他取得了足有可叙之功，所以就更加自信个人的能力，更加严重地情性乖离毁败群类，天下公议听不到了，人也与他离心离德，这样一来，他的恶性就更加暴露，而最终也不可能成功。

【原文】

君子敬以直内。微生高所枉雖小，而害則大。

——《程氏經説·論語解》

【译文】

君子以敬诚使内心正直。微生高借醋的事虽是小事，但这做法对人心正直的危害却很大。

【原文】

人有欲則無剛，剛則不屈於欲。

——《程氏經説·論語解》

【译文】

人有欲望就没有了刚毅，刚毅的人就不为欲望所屈。

【原文】

人之過也，各於其類。君子常失於厚，小人常失於薄；君子過於愛，小人傷於忍。

——《程氏經説·論語解》

【译文】

人犯什么样的错误，也各自归属于他这一类，同类的人犯同类的错误。君子常常失于过分宽厚，小人常常失于刻薄；君子总是过分地爱人，小人则伤于残忍。

【原文】

明道先生曰：富貴驕人，固不善。學問驕人，害亦不細。

——《二程遺書》卷一

【译文】程颢说：仗着富贵而对人骄慢，固然不好。仗着有学问而对人骄慢，为害也不小。

【原文】人以料事爲明，便駸駸入逆詐億不信去也。——《二程遺書》卷一

【译文】人以能预料事情为明察，那就渐渐差不多要到逆诈、亿不信的不良地步了。

【原文】人於外物奉身者，事事要好，只有自家一個身與心卻不要好。苟得外面物好時，卻不知道自家身與心卻已先不好了也。——《二程遺書》卷一

【译文】人对于奉养自身的外物，样样都要好，只有自己这一个身心反倒不要好。假如得到了外面奉身之物都好了的时候，却不知道自己的身心已经先不好了。

【原文】人於天理昏者，是只爲嗜欲亂着他。莊子言：「其嗜欲深者，其天機淺。」此言卻最是。——《二程遺書》卷二上

【译文】人对于天理昏暗不明，是只因为嗜欲搅乱着他。庄子说：「嗜欲深的人，天机就浅。」这话说得非常正确。

【原文】伊川先生曰：閲機事之久，機心必生。蓋方其閲時，心必喜。既喜，則如種下種子。——《二程遺書》卷三

【译文】程颐说：经历机巧之事久了，必然产生机诈之心。因为当人看到机巧之物时，心中一定喜欢。既然喜欢，这机诈就像在心里种下了种子一般。

【原文】疑病者，未有事至時，先有疑端在心。周羅事者，先有周事之端在心。皆病也。——《二程遺書》卷三

【译文】有疑病的人，没有遇到事时，先有个怀疑的念头装在心里。爱揽事的人，先有个揽事的念头在心里。这都是病。

【原文】

較事大小，其弊爲枉尺直尋之病。

——《二程遺書》卷三

【译文】

较量事情大小，只按功利的大小决定事情做与不做，其弊病就是枉尺而直寻。

【原文】

小人、小丈夫，不合小了他，本不是惡。

——《二程遺書》卷六

【译文】

小人、小丈夫，不应瞧不起他们，他们本不是恶人。

【原文】

雖公天下事，若用私意爲之，便是私。

——《二程遺書》卷五

【译文】

即使是天下大公之事，如果用私意去做，就是私。

【原文】

做官奪人志。

——《二程遺書》卷十五

【译文】

做官使人丧失志气志向志趣。

【原文】

驕是氣盈，吝是氣歉。人若吝時，於財上亦不足，於事上亦不足，凡百事皆不足，必有歉歉之色也。

——《二程遺書》卷十八

【译文】

骄横的人是气太满，吝啬的人是气不足。人如果吝啬时，在钱财上也总是显得不足，在做事上也总是显得不足，所有的事情都显得不足，脸上总带着吃不饱饭的样子。

【原文】

未知道者如醉人。方其醉時，無所不至；及其醒也，莫不愧恥。人之未知學者，自視有爲無缺；及既知學，反思前日所爲，則駭且懼矣。

——《二程遺書》卷十八

【译文】

不懂得圣人之道的人就像醉酒的人。当他醉的时候，什么事都能干出来；等到他醒来，无不感到愧恨羞耻。人在不知道学道时，自以为自己什么都懂；等到知道学习以后，回想过去的所作所为，就会感到吃惊并且后怕了。

【原文】

邢七云：「一日三點檢。」明道先生曰：「可哀也哉！其餘時理會

甚事？蓋仿『三省』之説錯了，可見不曾用功。」又多逐人面上説一般話，明道責之，邢曰：「無可説。」明道曰：「無可説，便不得不説。」

——《二程遺書》卷十二

【译文】

邢恕说：「一日三次检点自身。」程颢说：「可哀呀！其余的时间考虑什么事？这大约是模仿曾子『吾日三省吾身』之说而搞错了，可见不曾用功学习。」邢恕又多跑到人面前说一种大话，程颢责备他，他说：「我没什么可说。」程颢说：「既然没有什么可说，就应该把这当说不当说的问题分辨清楚。」

【原文】

横渠先生曰：學者捨禮義，則飽食終日，無所猷爲，與下民一致，所事不踰衣食之間、燕遊之樂爾。

——張載《正蒙·中正》

【译文】

张载说：学道的人如果舍弃礼义不讲，那就是饱食终日，无所作为，与困而不学的下等人一样了，所做的事不过在于谋求衣食，以及燕饮逸游的乐趣。

【原文】

鄭衛之音悲哀，令人意思留連，又生怠惰之意，從而致驕淫之心。雖珍玩奇貨，其始惑人也，亦不如是切，從而生無限嗜好。故孔子曰：必放之。亦是聖人經歷過，但聖人能不爲物所移耳。

——張載《禮樂説》

【译文】

郑卫之地的音乐悲哀，令人听了流连难舍，又产生怠惰之情，从而导致骄奢淫逸之心。即使是珍玩奇物，其最初迷惑人心，也不像这样的深切，从而产生无限的嗜好。所以孔子说：一定要抛弃它。这也是圣人曾经经历过，只是圣人能不为之所动罢了。

【原文】

孟子言反經，特於鄉原之後者，以鄉原大者不先立，心中初無主，惟是左右看，順人情，不欲違，一生如此。

——張載《孟子説》

【译文】

孟子论反经（回归常道），特意放在说完乡原之后，是由于乡原不先确立大的是非原则，心中原本没有主见，只是左看看右看看，顺人情人事，不想违背任何一个人，一生都是这样。

卷十三　異端之學

【原文】

明道先生曰：楊墨之害，甚於申韓；佛老之害，甚於楊墨。楊氏爲

我，疑於義；墨氏兼愛，疑於仁。申韓則淺陋易見。故孟子只辟楊墨，爲其惑世之甚也。佛老其言近理，又非楊墨之比，此所以爲害尤甚。楊墨之害，亦經孟子辟之，所以廓如也。

——《二程遺書》卷十三

【译文】

程颢说：杨墨学说的危害，比申韩严重；而佛老的危害，又比杨墨严重。杨氏主张为我，与义接近；墨氏主张兼爱，又与仁相似。申韩的学说则浅陋，容易看出其错处。所以孟子只驳斥杨墨，因为他们迷惑世人严重。佛老的言论接近于理，又不是杨墨的学说所可比的，因此就更为严重地迷惑世人。杨墨的危害，经过孟子的批驳，所以廓然大明于天下了。

【原文】

伊川先生曰：儒者潛心正道，不容有差。其始甚微，其終則不可救。如「師也過，商也不及」，於聖人中道，師只是過於厚些，商只是不及些。然而厚則漸至於兼愛，不及則便至於爲我。其過、不及同出於儒者，其末遂至楊墨。至如楊墨，亦未至於無父無君，孟子推之便至於此，蓋其差必至於是也。

——《二程遺書》卷十七

【译文】

程颐说：儒者潜心于正道，不允许有所偏差。一有偏差，开始看来偏差极其微小，最终则发展到不可救药。比如说「子张有些过头，子夏有点不及」，对于圣人的中正之道而言，子张只是过于厚了一点点，子夏只是差一点点还不够。但是厚这一点点就渐渐发展成为兼爱，差那一点点便发展到了为我。其过和不及同是出于儒者，其末流就发展成为杨朱之为我和墨翟之兼爱。进一步说，至于杨墨，也还不到无父无君的程度，孟子加以推理便到了这地步，那是因为偏差发展下去必然会到这一步。

【原文】

明道先生曰：道之外無物，物之外無道，是天地之間，無適而非道也。即父子而父子在所親，即君臣而君臣在所嚴，以至爲夫婦、爲長幼、爲朋友，無所爲而非道，此道所以不可須臾離也。然則毀人倫、去四大者，其外於道也遠矣。故「君子之於天下也，無適也，無莫也，義之與比」。若有適有莫，則於道爲有間，非天地之全也。彼釋氏之學，於「敬以直内」則有之矣，「義以方外」，則未之有也。故滯固者入於枯槁，疏通者歸於恣肆，此佛之教所以爲隘也。吾道則不然，率性而已，斯理也。聖人於《易》備言之。

——《二程遺書》卷四

【译文】

程颢说：道之外没有物，物之外也没有道，如此则天地之间，无处不体现着道。就父子说，

父子之道在则父子亲，就君臣说，君臣之道在则君臣之分严，以至于为夫妇之道、长幼之道、朋友之道，没有任何一事而不遵循着道的，这就是道一刻也离不了的原因。那么佛教的毁灭人伦、断除四大，就离道远了。所以孔子说「君子对于天下的事，既不执著于一定要怎么做，也不坚持不怎么做，怎么做合乎义便怎么做」。如果一定要怎样或一定不怎样，那么和道之间就有了差距，破坏了天地之性的自然。他们佛家的学说，在「敬以直内」方面有一些，而「义以方外」则没有。所以那些偏执固守的人就走向苦修行，那些疏旷放达的人就流于恣意放肆，这些都是佛教偏狭的地方。我们儒家之道则没有这些弊病，顺着天地万物的本性做去就是了，这就是理。圣人在《周易》中说得很周详了。

【原文】

釋氏本怖死生，爲利，豈是公道？唯務上達而無下學，然則其上達處，豈有是也？元不相連屬，但有間斷，非道也。孟子曰：「盡其心者，知其性也。」彼所謂識心見性是也。若存心養性一段事，則無矣。彼固曰出家獨善，便於道體自不足。或曰：「釋氏『地獄』之類，皆是爲下根之人設此怖，令爲善。」先生曰：「至誠貫天地，人尚有不化，豈有立僞教而人可化乎？」

——《二程遺書》卷十三

【译文】

佛教原本用生死轮回吓唬人，学佛以求免除生死轮回之苦，那是出于利己，哪里是公道？只求悟彻玄深之理而没有就事物上下实学工夫，那么他们要了悟的，哪有正确的道理呢？实学工夫与悟彻事理不能连起来，中间只要有间断，就不是道。孟子说：「充分发扬善的本心，这就懂得了人的本性。」佛教说的认识本心发展本性说的就是这道理。至于存心养性方面的事，则没有。他们当然会说出家独善其身，只是出家就损伤道体。有人说：「佛教『地狱』之类的说法，都是为根基智质低下的人所设的一种恫吓，使他们因惧怕而为善。」程颢说：「天下惟有诚心能感化人，圣人至诚之心贯彻天地，人尚且有不为所化者，难道设立一个本无诚心的伪教，人倒可以被感化吗？」

【原文】

學者於釋氏之説，直須如淫聲美色以遠之，不爾，則駸駸然入其中矣。顔淵問爲邦，孔子既告之以二帝三王之事，而復戒以「放鄭聲，遠佞人」。曰：「鄭聲淫，佞人殆。」彼佞人者，是他一邊佞耳，然而於己則危，只是能使人移，故危也。至於禹之言曰：「何畏乎巧言令色？」巧言令色，直消言畏。只是須著如此戒慎，猶恐不免。釋氏之學，更不消言常戒，到自家自信後，便不能亂得。

——《二程遺書》卷二上

【译文】

学者对于佛教的学说，只应像对待淫声美色一样远远地离开，否则，就会急急忙忙地跑到里边去。颜回问如何治国，孔子告诉了他二帝三王之事以后，又告诫他「抛弃郑地的音乐，远离巧牙利舌的小人」，说：「郑国的音乐淫荡，奸佞的小人危险。」那些奸佞的小人，就他本身说是能说会道，但对于你来说则是危险，只因为他能使人为之改变，所以危险。至于大禹说：「何畏于巧言令色？」巧言令色，直需要畏惧了。只是应该如此戒惧谨慎，尚且恐怕不免为之所动。佛教的学说，更不用说是要常常戒备的了，直到自己有了自信以后，它就不能扰乱你了。

【原文】

所以謂萬物一體者，皆有此理，只爲從那裏來。「生生之謂易」，生則一時生，皆完此理。人則能推，物則氣昏推不得，不可道他物不與有也。人只爲自私，將自家軀殼上頭起意，故看得道理小了他底。放這身來，都在萬物中一例看，大小大快活。釋氏以不知此，去他身上起意思，奈何那身不得，故卻厭惡，要得去盡根塵。爲心源不定，故要得如枯木死灰。然沒此理，要有此理，除是死也。釋氏其實是愛身，放不得，故說許多。譬如負版之蟲，已載不起，猶自更取物在身。又如抱石投河，以其重愈沈，終不道放下石頭，惟嫌重也。

——《二程遺書》卷二上

【译文】

所以说万物一体的原因，是万物都具备这同一天理，只因为都从这天理中来。《周易》说：「生生不已就是易。」虽然就道说是生生不已变易无穷，物之生则是一时所生，所有的人和物，自其生成，理就完备无缺。人禀气清，则能推扩此理，物则禀气昏而不能推而扩之，但不可说物不与人一样具有此理。只因为人自私，只在自己身体上去思考，所以把这广大无边无处不在的理看得小了。要把这身体放在万物之中，与万物一样看待，大小一切事，都得极大快活。佛教不懂得万物一体，身与万物为一的道理，只就他身上去思考，又拿这身体无可奈何，所以就厌恶躯体，想要去尽六根六尘，而后归于清净。又因为心源不定，所以要使这心如枯木死灰无息无动。然而既有身有心，就决无静定如枯木死灰的道理，要得有此道理，除非是人死去。佛教其实是爱怜自己的身体，放不下，不能忘却物我之别将此身同于万物，所以才说了许多舍弃身躯的话。就像一只蝜蝂之虫，背负的东西已经使它跌倒起不来了，它仍然要再取物放在身上。佛教以躯体的负累，已经压得他受不了了，还是要背负着不肯放下（能理会得万物一体，身与万物为一，忘却物我之分，即忘我就是放下）。又像抱着石头投河，因为石头重就越加向下沉，只嫌这石头太重，却到底也想不到把这石头放下，只嫌躯体为负累，却不懂得要忘我以解除这负累。

【原文】

又有語導氣者，問先生曰：「君亦有術乎？」曰：「『吾嘗夏葛而冬

裘，飢食而渴飲』，『節嗜欲，定心氣』，如斯而已矣。」

——《二程遺書》卷四

【译文】

有一个谈论导气之术的人，问程颢：「您也有养生之术吗？」程颢回答说：「『我常常是夏天穿单葛衣冬天穿皮衣，饥了就吃饭渴了就饮水』，『节制自己的嗜欲，静定自己的心气』，如此而已。」

【原文】

佛氏不識陰陽、晝夜、死生、古今，安得謂形而上者與聖人同乎？

——《二程遺書》卷十四

【译文】

佛家不懂得阴阳、昼夜、死生、古今是怎样形成的，那怎么能说他们说的形而上者与圣人所说的形而上者相同呢？

【原文】

釋氏之説，若欲窮其説而去取之，則其説未能窮，固已化而爲佛矣。只且於跡上考之。其設教如是，則其心果如何？固難爲取其心不取其跡，有是心則有是跡。王通言心跡之判，便是亂説。故不若且於跡上斷定不與聖人合，其言有合處，則吾道固已有。有不合者，固所不取。如是立定，卻甚省易。

——《二程遺書》卷十五

【译文】

程颐说：佛教的学说，如果想透彻研究而后加以选择吸收，那么你还没能研究透它，自身就已经化为佛徒了。只且就它的行事上考察。他们设教如此（弃人伦，无君臣父子），那么他们的存心到底怎么样呢？固然难以只吸取他的存心而不取他的行事，有这样的存心，就会有这样的行事。王通言心和迹的分别，就是乱说。所以不如先从行事上断定它与圣人不合，那些言论有相合的地方，那么我儒家学说中本来已有。有不相合的地方，固然是不吸取的。这样立定脚跟，却很容易。

【原文】

問：「神仙之説有諸？」曰：「若説白日飛升之類則無，若言居山林間保形煉氣，以延年益壽，則有之。譬如一爐火，置之風中則易過，置之密室則難過。有此理也。」又問：「揚子言：『聖人不師仙，厥術異也。』聖人能爲此等事否？」曰：「此是天地間一賊，若非竊造化之機，安能延年？使聖人肯爲，周、孔爲之久矣。」

——《二程遺書》卷十八

【译文】

有人问：「人们说的修炼成仙这种事有没有呢？」程颐说：「如果说白日飞升之类的事

则是没有的，如果说居住山林之中保形炼气，以延年益寿，则是有的。人的生命就像一炉火，把它放在风中就容易熄灭，放在密室之中就难以熄灭，有这个道理。」又问：「扬雄说：『圣人不学神仙之事，因为所操之术不同。』圣人不肯做这类事，那么圣人能不能做呢？」程颐说：「求延年益寿的人是天地间一贼，人之寿夭由造物者司掌，他若不是窃取了造物者的权柄，怎么能延年？假如圣人肯做这种盗贼的事，周公、孔子决不是不能做，该是已经做了好久了。」

【原文】

謝顯道歷舉佛説與吾儒同處問伊川先生。先生曰：「恁地同處雖多，只是本領不是，一齊差卻。」

——《二程外書》卷十二

【译文】

谢良佐历举佛教之说与儒家相同之处问程颐。程颐说：「如此相同的地方虽然多，只是根本与要领不对，一齐全都差了。」

【原文】

横渠先生曰：釋氏妄意天性，而不知範圍之用，反以六根之微因緣天地，明不能盡，則誣天地日月爲幻妄，蔽其用於一身之小，溺其志於虚空之大，此所以語大語小，流遁失中。其過於大也，塵芥六合；其蔽於小也，夢幻人世。謂之窮理可乎？不知窮理而謂之盡性可乎？謂之無不知可乎？塵芥六合，謂天地爲有窮也；夢幻人世，明不能究其所從也。

——張載《正蒙·大心》

【译文】

张载说：佛家不懂天性而臆断胡说，不懂得天理裁成天地万物的功用，反而以小小的人的感官为生成天地的因缘，他们的聪明不能透彻了解天地日月的来处，就谎说天地日月是幻妄，由一身之小蔽塞着而不知天地功用之大，志趣又沉溺于对虚空之大的追求，因此他们谈论大谈论小，全都流于荒诞而不得其中。其关于大的说法的错误，认为一微尘芥子中有天地四方；其为小所蒙蔽处，认为人世全是心的梦幻。说他们穷究事理行吗？不能穷尽事理却说他们能充分扩充其本善之性行吗？说他们无所不知行吗？说尘芥之中有六合，是认为天地是有穷尽的；以人世为梦幻，说明他们不能推究人世的来处。

【原文】

大《易》不言有無。言有無，諸子之陋也。

——張載《正蒙·大易》

【译文】

大《易》不谈论有无。谈论有无，是诸子的浅陋。

【原文】

浮圖明鬼，謂有識之死，受生循環，遂厭苦求免，可謂知鬼乎？以人生爲妄見，可謂知人乎？天人一物，輒生取捨，可謂知天乎？孔孟所謂天，彼所謂道。惑者指「遊魂爲變」爲輪迴，未之思也。大學當先知天德，知天德，則知聖人、知鬼神。今浮圖劇論要歸，必謂死生流轉，非得道不免，謂之悟道可乎？自其説熾傳中國，儒者未容窺聖學門牆，已爲引取，淪胥其間，指爲大道。乃其俗達之天下，致善惡、知愚、男女、臧獲，人人著信。使英才間氣，生則溺耳目恬習之事，長則師世儒崇尚之言，遂冥然被驅，因謂聖人可不修而至，大道可不學而知。故未識聖人心，已謂不必求其跡；未見君子志，已謂不必事其文。此人倫所以不察，庶物所以不明，治所以忽，德所以亂。異言滿耳，上無禮以防其僞，下無學以稽其弊。自古詖、淫、邪、遁之辭，翕然並興，一出於佛氏之門者，千五百年。向非獨立不懼，精一自信，有大過人之才，何以正立其間，與之較是非、計得失哉？

——張載《正蒙・乾稱》

【译文】

佛教谈论鬼，说那些有见识的鬼，在要他投生轮回时，就厌倦轮回之苦，宁可不投生以求免于轮回之苦。能说佛徒们懂得什么是鬼吗？佛教认为人生是幻妄不实的，这能说他们了解人吗？天与人原本是一物，佛教却弃人事而追求升天成佛，这能说他们懂得什么是天吗？孔孟所说的天，他们却称为道。为佛教迷惑的人又把「游魂为变」当做六道轮回，这真是不加思考的乱说。学儒学的人应该先了解天道运行的本然，了解了天道运行的本然，也就懂得了圣人的学说，也就明白了什么是鬼神。现在佛家理论的关键，一定要讲到死生轮回，说除非得道成佛的人不能免于轮回之苦，说他们悟解了道可以吗？自从佛家学说盛传于中国，读书人尚未来得及窥见儒家圣学的师门，已经被佛学引诱而去，沉陷其间，指佛教为高明的学说。佛家之俗风行天下，以至于不论善恶、智愚、男女、奴婢，人人信仰。即使有英雄豪杰，生下来耳濡目染看惯了佛家之事，长大后又学习了无学无识的俗儒崇尚佛教的言论，于是糊里糊涂地被驱赶到佛家那里去了，为佛家顿悟及识心成佛之说（立地成佛，不立文字，教外别传）迷惑，于是就认为不用修养就可成为圣人，不用学习就可悟彻大道。所以还不了解圣人之存心，就说不必推求圣人的行事；还不理解君子的志趣，就说不必去阅读他们的文字。因此而不能体察人事之序，不能明了事物之情，政事因此被忽视，德行因此被搞乱。异端之说灌满耳朵，在上者没有一个法度以防其伪诈，在下的人没有学问不能考出其弊病。自古以来一切诐辞、淫辞、邪辞、遁辞，一下子全都兴盛起来，全都是出于佛家之门，已达一千五百年之久。如果不是能独立不惧，精诚专一坚定自信，有远远超过一般人才识的人，怎么能卓然正身立于其间，而与之较量、辨析是非得失呢？

【原文】

卷十四　聖賢氣象

明道先生曰：堯與舜更無優劣，及至湯、武便別。孟子言「性之」、「反之」，自古無人如此説，只孟子分別出來，便知得堯、舜是生而知之，湯、武是學而能之。文王之德則似堯、舜，禹之德則似湯、武。要之皆是聖人。

——《二程遺書》卷二上

【譯文】

程颢说：尧和舜再分不得优劣，及至商汤和周武王，就有了区别。孟子说「尧、舜的仁德是出于自然的本性」，「汤、武的仁德是恢复了其本然的善性」，自古没有人这么说，只有孟子分别出来，便可知尧、舜是生而知之，汤、武是学而能之。周文王之德则近似于尧、舜，大禹之德则近似于汤、武。总之都是圣人。

【原文】

仲尼，元氣也；顔子，春生也；孟子并秋殺盡見。仲尼無所不包，顔子視「不違，如愚」之學於後世，有自然之和氣，不言而化者也。孟子則露其材，蓋亦時然而已。仲尼，天地也；顔子，和風慶雲也；孟子，泰山巖巖之氣象也。觀其言皆可見之矣。仲尼無跡，顔子微有跡，孟子其跡著。孔子盡是明快人，顔子盡豈弟，孟子盡雄辯。

——《二程遺書》卷五

【譯文】

孔子含蓄博大，圣不可知，就如天地一元之气；颜回之祥和就如春风春雨之发育生长万物之意；孟子抨击异端邪说之严厉就表现出秋天肃杀之气。孔子道全德备，一切之善无不包含，颜回以「不违背孔子的话，像是迟钝」的学习精神展示给后世，有一种自然和气，使后世之人不言而自化。孟子则显露出自己的才气，那也是时势使他如此的呀。孔子的无不覆无不载，高明博厚就如天地；颜回就如和风庆云一样有一种协气祥光；孟子的刚强峻拔直如泰山壁立的山岩气象。观察他们语言的不同风格就可以明白了。孔子之道与天地浑然一体，无迹可寻，颜回则微露些迹象，孟子则是心迹昭著，发挥透彻。孔子全然是一个明快人，颜回全是谦和，孟子全是雄辩。

【原文】

曾子傳聖人學，其德後來不可測，安知其不至聖人？如言「吾得正而斃」，且休理會文字，只看他氣象極好，被他所見處大。後人雖有好言語，只被氣象卑，終不類道。

——《二程遺書》卷十五

【譯文】

曾参传授圣人之学，其德行后来日益上进到不可测量的地步，怎么知道他没有达到圣人的高度呢？如他说「我只求规规矩矩合礼地死去」，且不要推敲文字，只看他气度极好，他所看到

的是大处。后人虽然也有些好的言语，只因为气度卑下，到底也不像个有道的人。

【原文】

傳經爲難，如聖人之後纔百年，傳之已差。聖人之學，若非子思、孟子，則幾乎息矣。道何嘗息？只是人不由之。「道非亡也，幽、厲不由也。」

——《二程遺書》卷十七

【译文】

传授圣人的典籍学说是很困难的，如孔子死后才百十年，传授就已经有了偏差。孔子的学说，如果不是子思、孟子的发扬，则几乎要熄灭了。圣人之道何曾熄灭过，只是人们不实行。就如董仲舒说的：「周文王、武王的思想并没有消亡，只是幽王、厉王不实行。」

【原文】

荀卿才高，其過多；揚雄才短，其過少。

——《二程遺書》卷十八

【译文】

荀子才识高远，敢为异说，故其过错也较多；扬雄才识短浅，刻意模仿圣贤，故其过错也较少。

【原文】

荀子極偏駁，只一句性惡，大本已失；揚子雖少過，然已自不識性，更説甚道？

——《二程遺書》卷十九

【译文】

荀子的学说极其偏失驳杂，只一句性恶，根本就错了；扬雄虽然少有过错，但他既然不懂得性，还谈论什么道？

【原文】

董仲舒曰：「正其義，不謀其利；明其道，不計其功。」此董子所以度越諸子。

——《二程遺書》卷二十五

【译文】

董仲舒说：「搞正确什么是义与不义而不去谋求利益，讲明圣人之道而不计较功效。」这就是董仲舒超过诸子的原因所在。

【原文】

漢儒如毛萇、董仲舒，最得聖人之意，然見道不甚分明。下此卽至於揚雄，規模又窄狹矣。

——《二程遺書》卷一

【译文】

汉代的儒者如毛苌、董仲舒，最能理解圣人之意，但对圣人之道认识得不够分明。低于他们的就捱到了扬雄，其规模就更窄狭了。

【原文】

林希謂揚雄爲禄隱。揚雄，後人只爲見他著書，便須要做他是，怎生做得是？——《二程遺書》卷十八

【译文】

林希说扬雄是食禄的隐士。扬雄这人，后人只看到他写的书，便要肯定他，怎么能够肯定呢？

【原文】

孔明有王佐之心，道則未盡。王者如天地之無私心焉，行一不義而得天下不爲。孔明必求有成而取劉璋。聖人寧無成耳，此不可爲也。若劉表子琮，將爲曹公所并，取而興劉氏，可也。——《二程遺書》卷二十四

【译文】

诸葛亮有王佐之心，但对于圣人之道却未深知。以仁政治天下的王者，哪怕让他做一件不义的事就能得到天下，他也不做。诸葛亮执著于追求成功而攻取刘璋。圣人宁可不求成功，这种事做不得呀。像刘表之子刘琮，将要被曹操吞并，夺取之而兴刘氏，是可以的。

【原文】

諸葛武侯有儒者氣象。——《二程遺書》卷十八

【译文】

诸葛亮有儒者的气度景象。

【原文】

孔明庶幾禮樂。——《二程遺書》卷二十四

【译文】

诸葛亮也许可以兴起礼乐。

【原文】

文中子本是一隱君子，世人往往得其議論，附會成書，其間極有格言，荀、揚道不到處。——《二程遺書》卷十九

【译文】

王通本是一位隐居君子，世人往往记下他的议论，附会而成书，其中很有些精辟的话，为荀子、扬雄所达不到的地方。

【原文】

韓愈亦近世豪傑之士，如《原道》中言語雖有病，然自孟子而後，能將許大見識尋求者，才見此人。至如斷曰：「孟子醇乎醇。」又曰：「荀與揚，擇焉而不精，語焉而不詳。」若不是他見得，豈千餘年後，便能斷得如此

分明？

——《二程遺書》卷一

【译文】

韩愈也是近代的豪杰之士，如《原道》一文中言语虽有些毛病，但自孟子以后，能将这么大的见识探寻出来，仅有他一人。至于判定说：「孟子是醇而又醇的儒者。」又说：「荀子与扬雄，其学术选择得不够精审，阐释得又不够详明。」如果不是他确有真见，怎能在孟子既死千年之后，判断得如此分明？

【原文】

學本是修德，有德然後有言。退之卻倒學了，因學文日求所未至，遂有所得。如曰：「軻之死不得其傳。」似此言語，非是蹈襲前人，又非鑿空撰得出，必有所見。若無所見，不知言所傳者何事。

——《二程遺書》卷十八

【译文】

学道原本是修德，有了德行然后就能写好文章了。韩愈却倒过来学了，他是由于要学写文章，每天追求自己未能达到的东西，于是就于圣人之道有了收获。如他说：「孟轲死后圣人之道没有能继续向下传。」像这样的言语，不是蹈袭前人，也不是凭空杜撰得出的，一定要自己有所认识。如果不是自有见地，就不明白他自己说的圣贤所传的是什么东西。

【原文】

周茂叔胸中灑落，如光風霽月。其爲政精密嚴恕，務盡道理。

——《宋史·周敦頤傳》、潘興嗣《濂溪先生墓志銘》

【译文】

周敦颐胸中洒落，就像光风霁月一样晶莹明净。他处理政务精详又缜密，严毅又宽恕，务在穷尽道理。

【原文】

伊川先生撰《明道先生行狀》曰：先生資稟既異，而充養有道。純粹如精金，溫潤如良玉。寬而有制，和而不流。忠誠貫於金石，孝悌通於神明。視其色，其接物也如春陽之溫；聽其言，其入人也如時雨之潤。胸懷洞然，徹視無間；測其蘊，則浩乎若蒼溟之無際；極其德，美言蓋不足以形容。先生行己，內主於敬，而行之以恕。見善若出諸己，不欲弗施於人。居廣居而行大道，言有物而動有常。先生爲學，自十五六時，聞汝南周茂叔論道，遂厭科舉之業，慨然有求道之志。未知其要，泛濫於諸家，出入於老釋者幾十年，返求諸六經而後得之。明於庶物，察於人倫。知盡性至命，必本於孝悌。窮神知化，由通於禮樂。辨異端似是之非，開百代

未明之惑，秦漢而下，未有臻斯理也。謂孟子没而聖學不傳，以興起斯文爲己任。其言曰：「道之不明，異端害之也。昔之害近而易知，今之害深而難辨。昔之惑人也乘其迷暗，今之入人也因其高明。自謂之窮神知化，而不足以開物成務。言爲無不周徧，實則外於倫理。窮深極微，而不可以入堯舜之道。天下之學，非淺陋固滯，則必入於此。自道之不明也，邪誕妖異之説競起，涂生民之耳目，溺天下於污濁。雖高才明智，膠於見聞，醉生夢死，不自覺也。是皆正路之蓁蕪，聖門之蔽塞，闢之而後可以入道。」先生進將覺斯人，退將明之書。不幸早世，皆未及也。其辨析精微，稍見於世者，學者之所傳耳。先生之門，學者多矣。先生之言，平易易知，賢愚皆獲其益，如羣飲於河，各充其量。先生教人，自致知至於知止，誠意至於平天下，灑掃應對至於窮理盡性，循循有序。病世之學者捨近而趨遠，處下而闚高，所以輕自大而卒無得也。先生接物，辨而不間，感而能通。教人而人易從，怒人而人不怨。賢愚善惡，咸得其心。狡僞者獻其誠，暴慢者致其恭。聞風者誠服，覿德者心醉。雖小人以趨向之異，顧於利害，時見排斥，退而省其私，未有不以先生爲君子也。先生爲政，治惡以寬，處煩而裕。當法令繁密之際，未嘗從衆爲應文逃責之事。人皆病於拘礙，而先生處之綽然。衆憂以爲甚難，而先生爲之沛然。雖當倉卒，不動聲色。方監司競爲嚴急之時，其待先生率皆寬厚。設施之際，有所賴焉。先生所爲綱條法度，人可效而爲也。至其導之而從，動之而和，不求物而物應，未施信而民信，則人不可及也。

——《二程文集》卷十一《明道先生行狀》

【译文】

程颐为程颢所作《明道先生行状》中说：先生他天资禀赋既已不同常人，而他扩充善性持养身心又得法。他的品行，纯粹得就如精金，温润又如美玉。他的性情，宽大而有节制，和顺但不随波逐流。他忠诚之志可贯透金石，敬父爱兄之意可上达于神明。看他的容颜，其待人接物就像春天的太阳那样温和；听他的言语，其深入人心就如时雨一样滋润万物。心胸光明如重门洞开，透彻而无间隔隐蔽；而要测其学识的蕴蓄，则又浩浩然如沧海之无边无际；想说清楚他的美德，他却众善皆备再好的言语也不足以形容。他推行自己的思想，首先自身主于谨敬，然后再推广自我之心以及人。见到别人有善行就像自己的善行一样珍视和赞扬，自己所不想接受的决不施加于人。心胸之宽就如住在广大的居室中，行为端方正大就如走在正直的大路上，发言必定切实不作空言，行动必有常规而不肆意。他的学习，从十五六岁时听到周敦颐谈论圣人之道，于是就厌倦世人争相追逐的科举之业，慨然有探求圣道的志向。起初不得要领，漫无边际

地杂学各家，出入于老庄佛释将近十年，又回到六经上才得其真谛。他明达事物之情，详察人伦之序。他懂得，尽性知命的高深必本于孝亲敬长之实。又明白，穷神知化的认识天道原与明礼知乐的人事相通。辨析异端之学的似是而非，揭明千万年未能弄明的迷惑。自秦汉以后，没有人能认识到这些道理。他认为孟子死后圣学没有下传，以接续道统振兴斯文作为自己的责任。他曾说：「大道之所以不能明于天下，是由于异端之学妨害了它。过去危害圣学的杨墨申韩之类学说粗浅而容易看出其荒谬，今日害道的佛老之学深远而难以明辨。过去的异端之学迷惑人是利用人的迷暗，今天的异说侵入人心却是利用人的高明。佛家自称能通达天地的玄妙，而其实不能有为于天下。佛家称他们的学说包括一切无不周详，其实他们是丢弃了人类伦常之理。佛家自认为其穷尽深奥之理、探极幽微之处，而玄怪深僻恰恰不能达于尧舜坦荡平易的大道。天下的学问，若不是浅陋而不通达，就必然跑到佛教那里去。自从圣人之道不得明于天下，邪诞妖异之说竞相兴起，堵塞了人民的耳目，把天下沉陷在污泥浊水之中。即使有高明才智之士，局限于耳目的见闻，生如沉醉，死如梦寐，而不自觉其不明理的迷惑。这些都是正路上的荒草秽木，堵塞圣学之门的障碍，必须开辟出路径才能进入大道。」先生他进身为官是为要唤醒今世的人民，退身隐居要著书明理以垂后世。不幸早逝，进退之事都未及做成。他辨析精微之论，多少有一些为世人所见到的，是他的学生们传播的呀。先生他的门下，学生多了。他的言语，平易易知，不论贤明的愚笨的，听了都能受益，就像一群人在大河里喝水，虽然各自所需不同，但各自都

得到了完全的满足。他的教人，从寻求知识开始一直到知其所止，从内心诚意开始一直学到平治天下，从童子初学的洒扫应对开始直到入圣人之域的穷理尽性，整个过程都循循而有序。他批评世俗的学者舍弃浅近的而务求高远，身处于下却窥望高处，导致自己的轻浮自大而到底也学无所得。先生他对待人，明辨其恶但也不拒绝他，以意感人人必能应，教导人人能轻松地听从，怒责人人也不会怨恨。不论贤愚善恶，各种各样的人，他都能得其心。狡猾的人在他面前也会奉献真诚，暴戾傲慢的人在他面前也表现出谦恭。听说他的风范的人就诚服，看到他的德行的人佩服得心醉神迷。纵然是小人与他追求不同，考虑利害相妨，时时加以排斥，但他们退处而自我思考时，没有不认为先生他是正人君子的。先生的治理政事，用宽大去治理恶人导其向善，处于烦琐的事务中却宽闲优裕。当朝廷法令繁苛峻密之时，他也从未学着众人去做虚应形式逃避职责的事。人人都认为法令不当束缚妨碍着没法做事，而他却能在这种法令下处理得绰有余地。众人担心很难做的事，而他做得却很兴盛。即使在仓促遇变之时，也不动声色。当监司们竞相严密紧急地伺察州县官时，他们对待做州县官的程颢先生全都很宽厚。处置事务时，还有依赖先生处。先生他制定的纲纪条文法度，人们可以效法着去做。至于他引导人民，人民就会跟从，以诚动人而人自然和顺，不求外物应己而外物自应之，未曾以自己的诚信施于人时人民已先相信了，这些则是人们没法赶得上的。

【原文】

明道先生曰：「周茂叔窗前草不除去。問之，云：『與自家意思一般。』」——《二程遺書》卷三

【译文】

程颢说：「周敦颐窗前的草不除去。问他，他说：『草上表现出的生意与我的心意一样。』」

【原文】

張子厚聞生皇子，喜甚。見餓莩者，食便不美。——《二程遺書》卷三

【译文】

张载听说皇子出生了，就非常高兴。见到有饿死的和饿得奄奄一息的人，吃饭就不香甜。

【原文】

伯淳嘗與子厚在興國寺講論終日，而曰：「不知舊日曾有甚人於此處講此事。」——《二程遺書》卷一

【译文】

程颢曾和张载在相国寺谈论了一整天，又说：「不知道过去曾经有什么人在此处谈论这样的事。」

【原文】

謝顯道云：明道先生坐如泥塑人，接人則渾是一團和氣。——《二程外書》卷十二

【译文】

谢良佐说：程颢先生坐着安详稳静就像一个泥塑的人，对待人则全然是一团和气。

【原文】

侯師聖云：「朱公掞見明道於汝，歸，謂人曰：『光庭在春風中坐了一個月。』」游、楊初見伊川，伊川瞑目而坐，二子侍立。既覺，顧謂曰：「賢輩尚在此乎？日既晚，且休矣。」及出門，門外之雪深一尺。——《二程外書》卷十二

【译文】

侯师圣说：「朱光庭到汝州去见程颢，回来后告诉人说：『我朱光庭在春风中坐了一个月。』」游酢、杨时初次去拜见程颐，程颐瞑目而坐，两人站着等侯。程颐醒后，看着他俩说：「你们还在这里呀？天已经晚了，算了吧。」及至出门，门外积雪深一尺。

【原文】

劉安禮云：明道先生德性充完，粹和之氣，盎於面背，樂易多恕，終

日怡悦。立之從先生三十年，未嘗見其忿厲之容。

——《二程遺書》附録《門人朋友叙述》

【译文】

刘立之说：程颢先生德性充实完美，粹和之气，漾溢前前后后，和乐平易宽大，一天到晚都是喜悦的。我跟从先生三十年，从未见过他有忿愤严厉的脸色。

【原文】

吕與叔撰《明道先生哀詞》云：先生負特立之才，知大學之要；博文強識，躬行力究；察倫明物，極其所止；涣然心釋，洞見道體。其造於約也，雖事變之感不一，知應以是心而不窮；雖天下之理至衆，知反之吾身而自足。其致於一也，異端並立而不能移，聖人復起而不與易。其養之成也，和氣充浹，見於聲容，然望之崇深，不可慢也；遇事優爲從容不迫，然誠心懇惻，弗之措也。其自任之重也，寧學聖人而未至，不欲以一善成名；寧以一物不被澤爲己病，不欲以一時之利爲己功。其自信之篤也，吾志可行，不苟潔其去就；吾義所安，雖小官有所不屑。

——《二程遺書》附録

【译文】

吕大临作《明道先生哀词》中说：先生他负有特立独出之才能，明于高深学问的要领；博学于文献而强记之，亲身实践努力探讨；详察人伦明知事理，透彻地掌握了人之所当止；心中如涣然冰释，透彻理解了大道的本体。他的学问由博而返于约，掌握的要领就在自己一心一身。虽然外事作用于我者变化不一，他明白心是应物之主，以一心随感而应也没有穷尽；天下之理虽然众多，他明白万理皆备于我身，反求于我身则一切理都可自足。他的修养达到了精诚致一的地步，异端之学并兴也不能改变他的自信之心，圣人再生也不会修改他的学说。他的德行养成了，太和之气充盈透彻，表现于声音容貌，使人望见其崇高渊深，无法轻慢；遇事当为而为，从容不迫，然而其至诚之心诚恳深切，做不好决不放弃的。他对自己希望和要求远大，宁可学圣人而未能达到，也不凭借一种善行来美德成就名声；宁可把天下有一物不受圣人恩泽看做自己的过错，追求使自己的君主成为尧舜一样的圣君，不把一时的有利于人作为追求的事功。他自信笃厚，只要我的志向能够推行，就不故作高洁而去其位；只要是依义而行我心得安，虽有小官也有所不屑于做。

【原文】

吕與叔撰《横渠先生行狀》云：康定用兵時，先生年十八，慨然以功名自許，上書謁范文正公。公知其遠器，欲成就之，乃責之曰：「儒者自有名教，何事於兵？」因勸讀《中庸》。先生讀其書，雖愛之，猶以爲未足，

於是又訪諸釋老之書，累年，盡究其說，知無所得，反而求之六經。嘉祐初，見程伯淳、正叔於京師，共語道學之要。先生渙然自信曰：「吾道自足，何事旁求！」於是盡棄異學，淳如也。晚自崇文移疾，西歸横渠，終日危坐一室，左右簡編，俯而讀，仰而思，有得則識之。或中夜起坐，取燭以書。其志道精思，未始須臾息，亦未嘗須臾忘也。學者有問，多告以知禮成性、變化氣質之道，學必如聖人而後已。聞者莫不動心有進。嘗謂門人曰：「吾學既得於心，則修其辭；命辭無差，然後斷事；斷事無失，吾乃沛然。精義入神者，豫而已矣。」先生氣質剛毅，德盛貌嚴。然與人居，久而日親。其治家接物，大要正己以感人。人未之信，反躬自治，不以語人。雖有未諭，安行而無悔。故識與不識，聞風而畏，非其義也，不敢以一毫及之。

——《張子全書》卷十五

【译文】

吕大临作《横渠先生行状》中说：仁宗康定年间同西夏打仗时，张载先生十八岁，当时慨然以立功边疆自许，上书拜见范仲淹。范仲淹看出他是远大之器，想要成就他，就责备他说：「读书人自有读书人的学问，干吗要从事于军事？」于是劝他读《中庸》。张载先生读《中庸》，虽然喜欢，但仍感到不满足，于是又访求佛教、道家之书，读了多年，透彻地了解了佛、道的学问，知道没有什么收获，又回过头来读六经。嘉祐初年，与程颢、程颐兄弟相见于京师，一同探讨道学之大要。先生他胸中疑问涣然消释，自信地说：「我们儒学的理论自身十分充足，为什么要寻求别家之说？」于是尽弃异端之学，成为纯正的儒者。晚年从崇文院，因病去职，西归回到横渠镇，一天到晚恭恭敬敬坐在一间房子里，左右放的都是书，俯首而读，仰首而思，有所得就记下来。有时半夜坐起来，点上灯烛去写。他对圣人之道的追求与精深思考，从未有片刻停息，也从未有一刻的忘记。学生有所问，多告诉他们学礼并用礼去持养本性，和学问变化气质的方法，要求学生学习一定要达到圣人的地步才可以。听到他这些话的人无不触动于心而有所进步。他曾经对门人说：「我治学心中有所领悟时，就选取恰当的言辞把它表述出来；表述得没有差失，然后用来判断事务；判断事务没有差失，我就感到胸中充盛了。精熟义理，达到神妙的境界，就要在事情没有出现时，先要熟知有关这事的道理，如此而已。」先生他气质刚毅，德性充盛，容貌严肃。但和人相处，时间久了就一天天亲近。他的治家与在外接交，大致说是正己以感人。人未能信任他，他就回过头来修养自身，而不告诉给人。虽然有的人始终也不明白他的用心，他照样安心而行并不后悔。所以认识他的与不认识他的人，闻其风而畏服，不合义的事，不敢以一丝一毫加到他身上。

【原文】

横渠先生曰：二程從十四五時，便鋭然欲學聖人。

——張載《横渠語録》

【译文】

张载说：程颢、程颐兄弟二人，从十四五岁时，立志锐意要学圣人。